ブックレット〈書物をひらく〉24

アワビと古代国家

『延喜式』にみる食材の生産と管理

清武雄二

平凡社

アワビと古代国家――『延喜式』にみる食材の生産と管理［目次］

はじめに

アワビと聞いて大半の人が最初に思い浮かぶのは、高級な食材、といったところであろう。日常的に食するものではないし、筆者も正直なところ数えるほどしか口にしたことがない。アワビを特別な食材とする認識は古代も同じである。各官司の業務規程を集成した古代の法制書『延喜式《えんぎしき》』を見る限り、国家的行事の祭祀や節会《せちえ》、天皇の食膳といった特別な場面や用途には、アワビは欠かせない食材であった。

例えば、『延喜式』には一〇〇を優に超える祭祀を記載しているが、ほとんどの祭祀では神の食事である神饌《しんせん》としてアワビが供されている。しかも、海産物の神饌のなかではアワビは筆頭に位置付けられることが多い。天皇の即位に際して挙行される大嘗祭《だいじょうさい》でもアワビは重要な供神物であり（『延喜式』巻七践祚大嘗祭《せんそだいじょうさい》）、「潜女《かずきめ》」（海女《あま》のこと）に前もってアワビを採取・加工させ、大嘗宮《だいじょうきゅう》にてアワビの汁漬《しるづ》けに調理された上で天皇が神に供する一連の儀式がみられる（同上）。即位時に支配領域で得た食材を神に捧げるといった重要な祭儀は、アワビが単なる高級食材にとどまらず、支配の正統性や社会の再生産を祈るための特別な食材として意識されていたことを示唆している。

アワビの食習慣と潜水漁については、列島社会を特徴付ける食文化・生業として早くから東アジア世界でも知られていた。『三国志』▲の「魏書《ぎしょ》」東夷《とうい》伝《でん》倭人条（いわゆる『魏志』倭人伝）にはアワビを好んで食することと潜水漁が記されており、これは文献史料上で列島の生業や食材が記録された最も古い例でもある。また、食材以外の用途としても、アワビ玉という真珠を産し、その殻は石決明《せっけつめい》という名称で薬として使用されている。一〇世紀後半の『医心方《いしんほう》』▲という医学書では、アワビを秦の始皇帝が求めた不老不死の薬として紹介されており、神仙思想にも通じるアワビへの特別な意識が窺えよう。

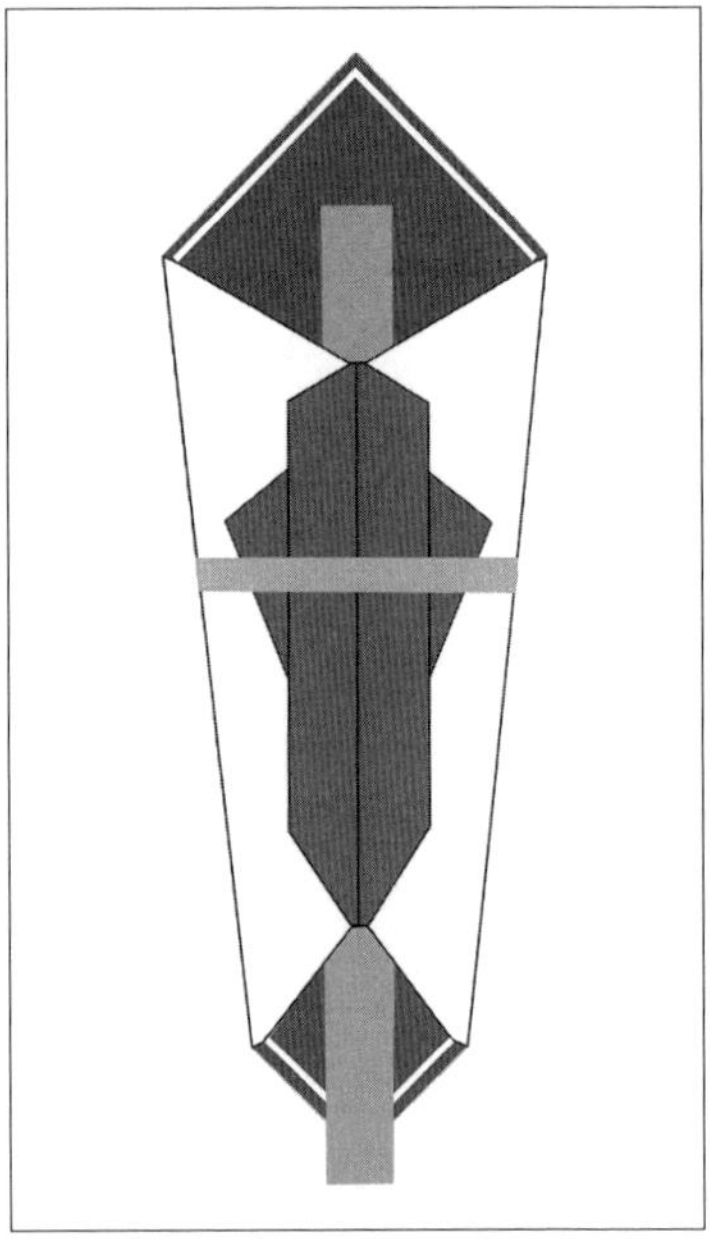

図1　飾り熨斗（折り熨斗）

『三国志』　三世紀末成立。陳寿（二三三—二九七）撰。中国三国時代の歴史書。

『医心方』　永観二年（九八四）成立。丹波康頼（九一二—九九五）撰。全三〇巻の医学書。

古代以降も、細長い形状に乾燥させた熨斗《のし》アワビが縁起物の贈答品として武家社会を中心に流通しており、近世以降は縁起物・引き出物として一般にも広まっていく一方、中華食材として乾燥アワビが大量に輸出されている。熨斗アワビについては、今日でも慶事に用いるのし袋やのし紙、祝儀袋の飾り（図1）などに使用されるなど、アワビは通時代的に列島社会の営みに深く根付いている食材なのである。

本書では、このように文化的にもたいへん興味深いアワビを対象として、古代の法制書『延喜式』を読み解いていく。一・二章では、『延喜式』記載のアワビの品名と数量に着目し、アワビの国家的な管理について考察する。三・四章では、復元実験という方法を用いて、古代国家による食材の生産と管理を実態的に把握していきたい。

一 『延喜式』のアワビ食材とその管理

古代のアワビは、国家の需要に基づいて諸国で税物として生産・調達される品目である。『延喜式』では、諸国の貢納規定をはじめ、各祭祀の神饌や天皇の食事のほか、節会における饗宴など、主に宮廷内の年中行事で消費される食材としての用途が官司ごとに記されている。単に食材という点にとどまらず、税として徴収され、さまざまな用途で消費されていたことは、古代的な特徴である実物貢納経済の重要な例として注目される。具体的な物品の生産から消費までのサイクルの検討は、古代国家の財政構造や税制の特徴などの解明にも有効であろう。

ただし、アワビに関する『延喜式』の記載は、各官司の用務ごとに食材としての各種名称や数量を列記するといった内容ばかりなので、基本的な加工法などの実態はわからないことが多い。本書では、アワビの食材名称となっている多様な加工法や産地名に着目し、古代国家の食材管理という視点から、これらの品名表示の意味するところを検討していきたい。本章では、はじめに『延喜式』がどのような特徴を持った史料なのか、何に注意してどのように読み解いていくのかを確認する。その上で『延喜式』記載のアワビの品名について、分類と分析を加えていく。
なお、『延喜式』には、アワビは全巻数百箇所にわたって「鰒」「鮑」「蚫」の用字で記載されている。大部分は「鰒」で表記されているので、特に断らない限り本書でも『延喜式』の品名の用字は「薄鰒《うすあわび》」など「鰒」の用字で統一することとする。また、『延喜式』の式条に言及する際は、便宜的に虎尾俊哉氏監修による全巻註釈本▲の式名・条文番号を表示する。

『延喜式』全巻註釈本　虎尾俊哉編『訳注日本史料　延喜式』上・中・下（集英社、二〇〇〇年・二〇〇七年・二〇一七年）。一七世紀の近世写本（土御門本。国立歴史民俗博物館所蔵）を底本とする。以下、断りのない限り、同書の校訂文を前提として進めていく。

醍醐天皇　八八五―九三〇（在位八九七―九三〇）。

写真1　『延喜式』全50巻　土御門本『延喜式』（17世紀写本。国立歴史民俗博物館所蔵）

1　『延喜式』を読み解く

歴史研究にとって、情報量が多い史料はたいへんにありがたい存在である。殊《こと》に文献史料が希薄な古代史を研究する上ではなおさらである。そういう意味では、本書が主として扱う『延喜式』は、まさに情報の宝庫といえよう。『延喜式』は、延喜《えんぎ》五年（九〇五）に醍醐《だいご》天皇▲の命によって編纂が開始され、延長《えんちょう》五年（九二七）に完成し、その後の修訂を経て康保《こうほう》四年（九六七）にいたって施行された古代の法制書である（写真1）。その内容は、諸官司の多方面にわたる業務規定が全五〇巻で三五〇〇を優に超える条文数に記されており、古代史を理解する上で欠かすことのできない基本史料である。

しかし実際のところ、『延喜式』を「読む」という作業は容易ではない。もちろん単に読み下していくことはできるのだが、膨大な量の全体像を把握し、個々の条文の意図するところを正確に理解する、という意味では難解極まりないと評さざるを得ない。真に「読む」とは、理想をいえば、正確な理解の先にあり、例えば古代国家の行政や経済、文化に関わる情報を引き出していく、ということであろうが、それはまさに至難の業である。

『延喜式』の読解が難しい理由には、いくつかの要因があげられる。第一には、『延喜式』が法制書であることそのものによる。現代でも法律を註釈抜きで理解することはほぼ不可能である。そもそも法律は通読するタイプの読み物ではない。だいたいは必要な条文や内容を抜き出して確認するだけで、その作業だけでもたいへんな労力を必要とする。ましてや『延喜式』は古代の法制書である。しかも、その位置付けは基本法令の施行細則である式《しき》を集成した典籍であり、式を理解する前提としては古代の根本法典である律《りつ》と令《りょう》やその補足・修正のための単行法令である格《きゃく》を踏まえなければならない。さらには、『延喜式』以前に集成された式として、弘仁《こうにん》十一年（八二〇）奏進の『弘仁式《こうにんしき》』、その後の修正を反映した貞観《じょうがん》十三年（八七二）施行の『貞観式《じょうがんしき》』が先行している。これらの法体系に『延喜式』を位置付けた上で内容を理解することは、あまりにハードルが高すぎるのである。

二つ目の問題としては、『延喜式』は編纂当時に機能した条文にとどまらず、既に法令としては意味をなさなくなった条文も収録しているという点である。いわゆる空文規定といわれるものであり、例えば『延喜式』施行時には既に滅亡していた唐《とう》や新羅《しらぎ》、渤海《ぼっかい》への使節派遣に関する条文などもそのままとなっている。当時の官人にとっては現行に即した内容であるか否かは自《おの》ずと選別できたのかもしれないが、現代人としては各条文が実際に機能していた時代について常に注意を払う必要がある。先行する式の法典としては『弘仁式』『貞観式』があるものの、両式は散逸して逸文が残存するのみであり、それらと比較できないことも状況を困難にしている。

三つ目の問題は、個々の条文は業務内容のすべてが記載されているわけではない、ということである。『延喜式』は官司ごとの式で構成された官人たちの業務遂行のためのマニュアル的な性格であるため、彼らにとっては業務に関わる範囲に言及されていれば十分に事足りる。そのため、すべてを詳細に記す必要はなかったのである。例えば、物品製造に関する材料を列記する式条があったとしても、製造に必要なすべての材料が常に記されているわけではない。同じ物品製造に必

写真２　マダカアワビ　写真の個体は殻長18.7㎝、重量959.5ｇ

要な材料でも、他官司が担当する工程であれば記載されず、条文が所在する式の対象官司に関わる材料のみが記される例は枚挙にいとまがない。また、必要のないことのほか、当時の官人たちにとって常識に属する事柄についても、特に説明はなされていない。本書が対象とするアワビの場合、諸国からの貢納をチェックする主計寮《しゆけいりよう》には品名と貢納数量が記載されるが、数量の記載がないものや、単に「鰒」などと記されるだけで加工名称や貢納数量が無記載である場合も多い。品名・数量の無記載の意味については何の説明もないが、当時の主計寮官人にとっては、品名・数量が無記載であることが何を意味するのかは十分に理解可能な範囲だったのであろう。

以上、マイナス面ばかりを挙げたが、読解を難しくする要因は、視点をかえることでプラスに転じることもある。例えば、わかりきった事柄を記さないといった点は、裏返せば『延喜式』には古代国家の行政実務が実態として記述されていると評価することができる。書かれていないこと、説明のないこと自体から、当時の常識や各官司の管理方式などを読み取ることも可能であろう。『延喜式』にみえるアワビも、諸官司が担当する用務の具体的な場面に対応した記載であることを常に意識した上で向き合えば、読み解いていくことも不可能ではない。

2　アワビの品名と分類

アワビは沿岸の岩礁地帯に生息し、日本近海では、クロアワビ、メガイアワビ、マダカアワビ、エゾアワビの四種が分布している。最大のものはマダカアワビ（写真2）で、大きなものは殻長二〇センチメートル、重さ一キログラムを超える。エゾアワビは北海道～北東北に生息する小型で北方系のクロアワビの亜種である。『延喜式』では二一に及ぶ国・島からの貢納が窺え（図2）、日本海側では佐渡国《さどのくに》以南、太平洋側では常陸国《ひたちのくに》以南の諸国からの貢納なので、エゾアワビは分布的にみて古代の税物の対象ではないと思われる。このほか、殻長七センチメートルほどにしか成長しないアワビに似たトコブシも存するが、古代の食材としての利用実態は不明であり、アワビと差別化されていたのかもはっきりしない。

『延喜式』記載のアワビは、四〇を超える多様な品名を冠した食材名称が確認される。その数は、他の食材に比べて圧倒的に多い。多く

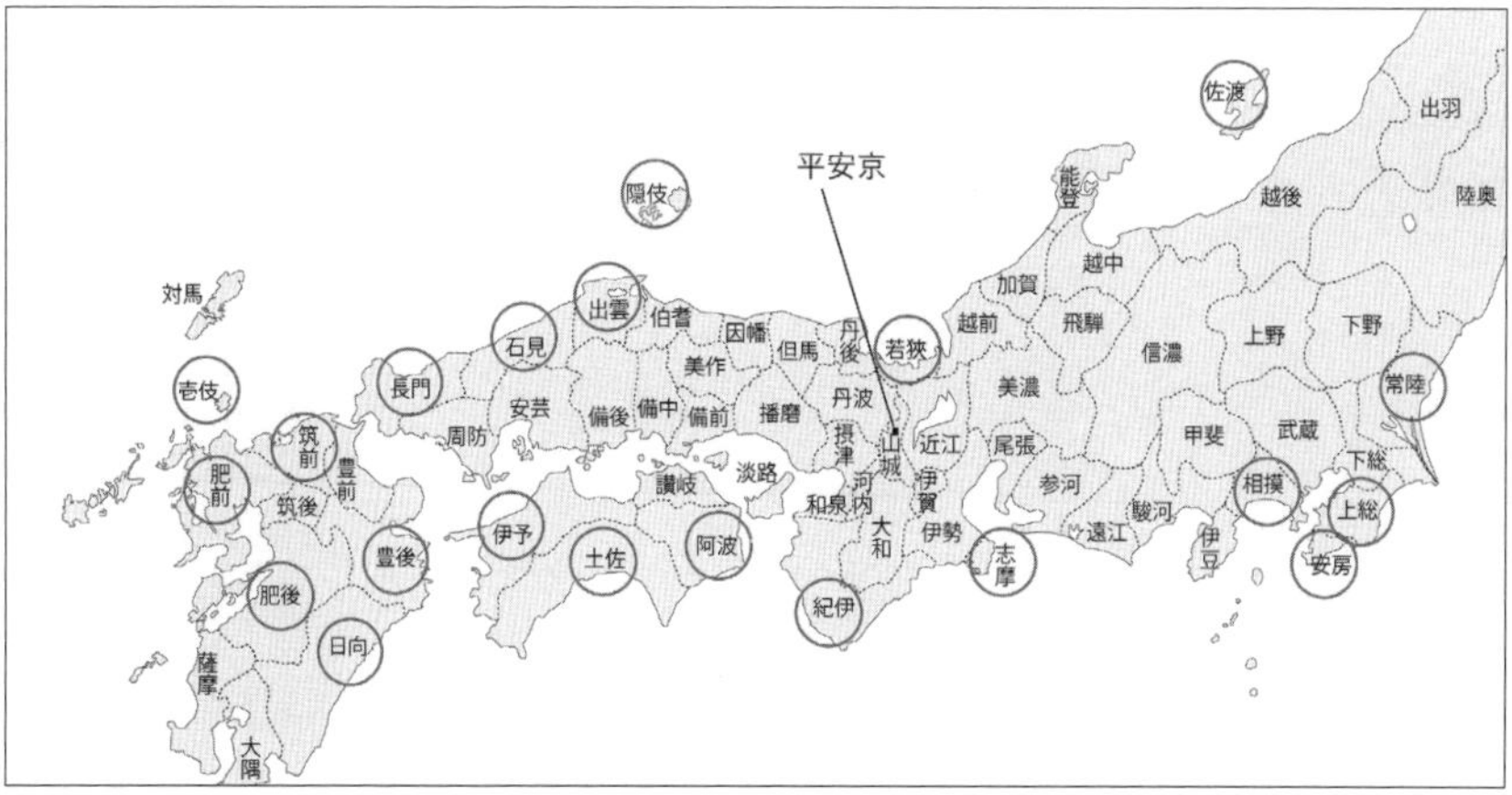

図2　『延喜式』のアワビ貢進国

は加工法や産地などを表示したものと思われるが、何故それだけの多様な加工法が存在したのか、あるいは個々の品目に対応する調理の実態などについてはほとんどわかっていない。ここではまず、品名が意味するところを分類してその共通項や相違点などを把握し、できるだけ丁寧に検討していきたい。

『延喜式』記載の品名を冠するアワビの内訳は、①地名を冠するもの、②加工名・調理名を冠するもの、③品名等無表示で「鰒《あわび》」「雑鰒《くさぐさのあわび》」とのみ記載されるものの三つに大別される。それぞれの詳細は以下のとおりである。

①の地名を冠するアワビ（以下、地名アワビとする）は、東鰒《あずまあわび》、筑紫鰒《つくしあわび》、島鰒《しまのあわび》、佐渡鰒《さどのあわび》、出雲鰒《いずものあわび》、隠伎鰒《おきのあわび》、長門鰒《ながとのあわび》、阿波鰒《あわのあわび》、安房雑鰒《あわのくさぐさのあわび》、の九品目が挙げられる。内訳としては東国や筑紫などの広域地域名を冠するものと国名が表示されたものとに細分される。地域名称がつけられる物品はもちろんほかにもあるが、これだけの地名が冠される品目は他にない。地名表記については、このほかにも、肥後国《ひごのくに》と豊後国《ぶんごのくに》が貢納する耽羅鰒《たんらあわび》が記載される（主計式上《しゅけいしきじょう》69肥後国《ひごこく》条・71豊後国《ぶんごこく》条）。耽羅は古代の済州島《チェジュとう》に所在した外国名であり、一見すると地名アワビと思われるが、外国からの税物貢納は考え難い。産地名を表示した交易品の可能性もあるが、諸国が正税《しょうぜい》を使って購入した交易雑物《きょうやくぞうもつ》の中にアワビはみえず（民部式下《みんぶしきげ》63交易雑物条）、その可能性は低い。耽羅鰒が記載される主計式上では加工品を冠

した貢納食材が税目別や国別に列記されるが、地名を冠した物品は記載されない。耽羅鰒の名称も、耽羅に伝わる製法で加工されたアワビを意味する表示とみるのが妥当であり、②の加工名アワビに分類される。

②の加工名・調理名を冠するアワビ（表1）は、a諸国から貢納された一次加工品、b貢納後に二次加工や調理を行った品、といったように細分される。②aの諸国貢納の一次加工品（以下、加工名アワビとする）については、上述した耽羅鰒を含めて二九品目となる。その内訳は、長鰒《ながあわび》や短鰒《みじかあわび》、薄鰒《うすあわび》といった加工形状を表すものや、鮨鰒《すしあわび》、腸漬鰒《わたづけあわび》、火《ほ》焼鰒《やきあわび》などといった加工法そのものを表示するものがある。御《み》取鰒《とりあわび》など名称の意味を把握し難いものもあるが、地名でない限りは加工品とみて問題はないであろう。煩雑となるので個々の名称の詳細は表に委ねる。

なお、生（鮮鰒《なまあわび》）についても、加工の有無を前提とした表記と解せるので、②aに分類される。このほか、内膳式《ないぜんしき》には土佐国が交易して進上する腸漬小鰒《わたづけこあわび》がみえる（同式45参河《みかわ》国《こく》保《ほ》夜《や》条）。小鰒を塩辛とした加工品であるが、小鰒をアワビのサイズとみるかトコブシを指すのかについては断定し難い。いずれにしても腸漬小鰒は腸漬鰒に類する食材とみて別品目にはカウントしていない。

②bの二次加工品・調理名を冠するアワビ（以下、調理名アワビとする）は、鰒《あわびの》汁漬《しるづけ》、アワビの雑盛《まぜもり》、醤鰒《ひしおのあわび》、海松纏鰒《みるまきあわび》の四品目があげられる。このうち海松纏

品名	主計式上：調 国名	主計式上：庸 国名	主計式上：中男作物 国名	その他貢納 国名＊1	内膳式：御贄 国名	供給管理 式名
着耳鰒	安房					
鳥子鰒	安房					
都都伎鰒	安房					
放耳鰒	安房					
長鰒	安房, 肥前, 伊予					
凡鰒	安房					
串鰒	（品名のみ）					
串貫鰒						大膳
横串鰒	阿波					
細割鰒	阿波					
甘鮨鰒（鰒甘鮨）	若狭					
鮨鰒（鰒鮨）	筑前, 紀伊		筑前, 肥前, 阿波, 伊予	志摩（斎宮）, 阿波（大嘗祭）	大宰府	斎宮, 内膳
御取鰒	筑前, 肥前, 豊後, 阿波, 隠伎, 志摩				志摩, 大宰府	
鮮鰒（生鰒）				紀伊（大嘗祭）	志摩	
味漬鰒					志摩	
蒸鰒					志摩	
玉貫鰒					志摩	
夏鰒					志摩	
腸漬鰒（腸漬小鰒）			筑前, 肥前, 阿波	相摸（斎宮）	志摩, 大宰府, 土佐	斎宮, 内膳, 主膳
短鰒	筑前, 肥前, 豊後, 隠伎		阿波, 伊予, 相摸		大宰府	
鞭鰒	筑前					
葛貫鰒	筑前, 豊後					
羽割鰒	筑前, 肥前, 豊後				大宰府	大膳
火焼鰒	筑前	筑前			大宰府	
蔭鰒	筑前, 豊後				大宰府	大膳
薄鰒	筑前, 肥前, 豊後, 日向, 壱伎	筑前, 肥前, 豊後, 日向	長門, 出雲, 石見, 若狭	紀伊（大嘗祭）	大宰府	斎宮, 大嘗祭, 大膳, 内膳, 主膳
腐耳鰒（耳腐鰒）	筑前				大宰府	
耽羅鰒	肥後, 豊後					
縄貫鰒						大膳
醬鰒						大膳, 内膳, 主膳
海松纏鰒						斎宮
鰒汁漬						大嘗祭, 宮内
相盛（雑盛）						四時祭, 大膳
鰒	出雲, 上総	志摩	佐渡, 安房, 上総, 常陸			＊2
雑鰒	長門		志摩	志摩（斎宮）		斎宮, 大膳, 造酒

＊1　その他貢納の「斎宮」は斎宮式78調庸雑物条

＊2　四時祭, 臨時祭, 大神宮, 斎宮, 斎院, 大嘗祭, 中務, 縫殿, 陰陽, 主税, 織部, 大膳, 主殿, 内膳, 主水, 左右京

表1　『延喜式』加工名・調理名アワビ、無表示アワビ

鰒については、アワビに海藻のミルをまいた食品ということであろう。海藻類と魚介類を組み合わせたような貢納品は他にみえないため、②bに区分した。

③の「鰒」「雑鰒」については、神饌《しんせん》や主計式の諸国貢納品として頻出する。品名が無表示である意味は、種類を問わないということなのか、あるいは神饌に用いるものは特定の品目が決まっているので表記の必要はないということなのか、詳細は不明である。少なくとも各式条に関係する官人にとっては、品名無記載で理解可能だったことだけは確かであろう。

以上のように分類した上で、各タイプのアワビが記載される『延喜式』の式条に注目すると、②aの加工名アワビは、主計式上と内膳式に集中して記載されている。主計式上には、調《ちょう》・庸《よう》・中男作物《ちゅうなんさくもつ》▲の税目で徴収された製品として二〇品目が記載される。内膳式では、天皇の御膳に供する御贄《みにえ》として同式40諸国貢進《しょこくこうしん》御贄条・42年料《ねんりょう》御贄条に主計式上と重複する九品目とあわせて計一四品目が記載される。これら主計式上と内膳式両条は、主計寮・内膳司《ないぜんし》による諸国貢納品の収納時の管理に関わる式条であり、いずれも諸国の生産・貢納品を列記したリストとしての性格を有している。

反対に、①の地名アワビや②bの調理名アワビは、主計式上や内膳式40・42条には記されていない。地名アワビ・調理名アワビは、大膳式《だいぜんしき》や内膳式で神饌や供《く》

調・庸・中男作物　調は繊維製品を中心とし、それ以外の物品は調雑物として徴収される。庸は中央の労役に替えて貢納される物品。中男作物は中男（一七～二〇歳）の調と調副物として徴収されていた物品をまとめて奈良時代に設定された税目である。

御《ご》、宮中の諸行事などの消費に関する式条のみに供給品として記載されている。このことは、一見するとアワビ名称の表記が収納時の管理に関わるリストと供給時の管理に関わるリストで区分されているようにもみえる。ただし、厳密にいえばそうではあるまい。

斎宮式《さいぐうしき》78調庸雑物《ぞうもつ》条は、斎宮寮《さいぐうりょう》が勘会《かんかい》する諸国別納の調庸物を列記した条文であり、主計式上と同じ性格の収納時の管理に関わるリストである。しかしそのなかには地名アワビの東鰒が記載されている。ここで注目されるのは、斎宮寮は収納時の管理のみならず保管・調理・供給も担当しており、供給に関する式条にも東鰒が記されていることである。つまり斎宮寮の式条では、収納時の管理とともに供給も自らが行うため、式内の管理食材の名称をすべてのリスト上で統一している、ということであろう。この点は収納と供給の双方の管理を行う内膳司も同様である。内膳式では供給に関する式条に地名アワビが記載されている。内膳司が収納時にチェックする加工名アワビは志《し》摩国《まのくに》と西海道諸国の貢納品であるが、これらの品目は供給時の式条にも加工名で記載される。志摩国や西海道諸国が貢納するアワビは大膳式に島鰒、筑紫鰒とみえるが、内膳式ではこれらの名称を使用していない。これもまた、内膳司内で食材名称を統一して管理していたからであろう。一方、主計寮は諸国貢納品の収納時に帳簿で品目と数量のチェックを行う官司であるが、保管や調理・供給は行わない。つまり、主計寮、内膳司、斎宮寮はいずれも各官司内で統一した食材名称を用いて管理を行っているということになろう。

冗長な考察となったが、まとめると、各官司には収納時や供給時といった場面ごとに対応した食材管理リストがあり、①地名アワビと②加工名アワビ・調理名アワビの名称は、官司ごとで統一した用字となっている、ということになろう。また、①の地名アワビについては、管理場面を前提に考えた場合、神饌や供御、宮中の宴会や官人等への支給など、供給時のリストで集中して使用されていることが指摘される。

供給時においてことさらに地名を冠した表記となっている背景には、供給官司のみならず消費対象者にとっても供給されたアワビがその地名と強く結びついて認識されていたことを示唆する。その認識が何に由来するのかは、たいへん興味深い問題であり、そこには個々の地名アワビの産地と古代国家との歴史的関わりが示唆されよう。とはいえ、ひとまずは食材供給リストとして位置付けられる各官司の調理・供給に関わる式条に検討を加えることで、そこに記載される地名アワビの基本的性格を把握しておきたい。

3 『延喜式』の食材リストと地名アワビ

地名アワビは、いわゆるアワビ特産地から貢納された産品として理解されることが多い。もちろん、その認識自体が間違っているわけではないが、地名を冠して供給される理由を、他の産地よりも優品であるから、といった点にのみ帰結させるのではなく、産地表現がなされていることの意味をもう少し管理上の視点から掘り下げて考えてみたい。

まず注目されるのは、『延喜式』にみえる地名アワビは、既に指摘したように、特定の用途に供給するための食材リスト上に集中して記載されている、ということである。これら供給時の食材リストには調理に供する食材を支度するために、地名アワビのほかにもさまざまな加工食材の具体的な品名・分量が記載されている。

例えば、大膳式上16釈奠別供料《せきてんべつくりよう》条には、孔子《こうし》とその弟子を祀る釈奠《せきてん》のお供えの品として、「東鰒十斤、薄鰒《うすあわび》五斤、隠伎鰒十八斤、串貫《くしぬき》・羽割《はわり》・阿波鰒・押鮎《おしあゆ》・熬海鼠《いりこ》・脯《ほじし》各六斤、筑紫鰒二斤、蔭鰒《かげあわび》・烏賊《いか》各四斤、火干鮎《ひぼしのあゆ》十八斤、堅魚《かつお》十六斤」などの各種食材と数量が指定されている（写真3）。同リストには、地名ア

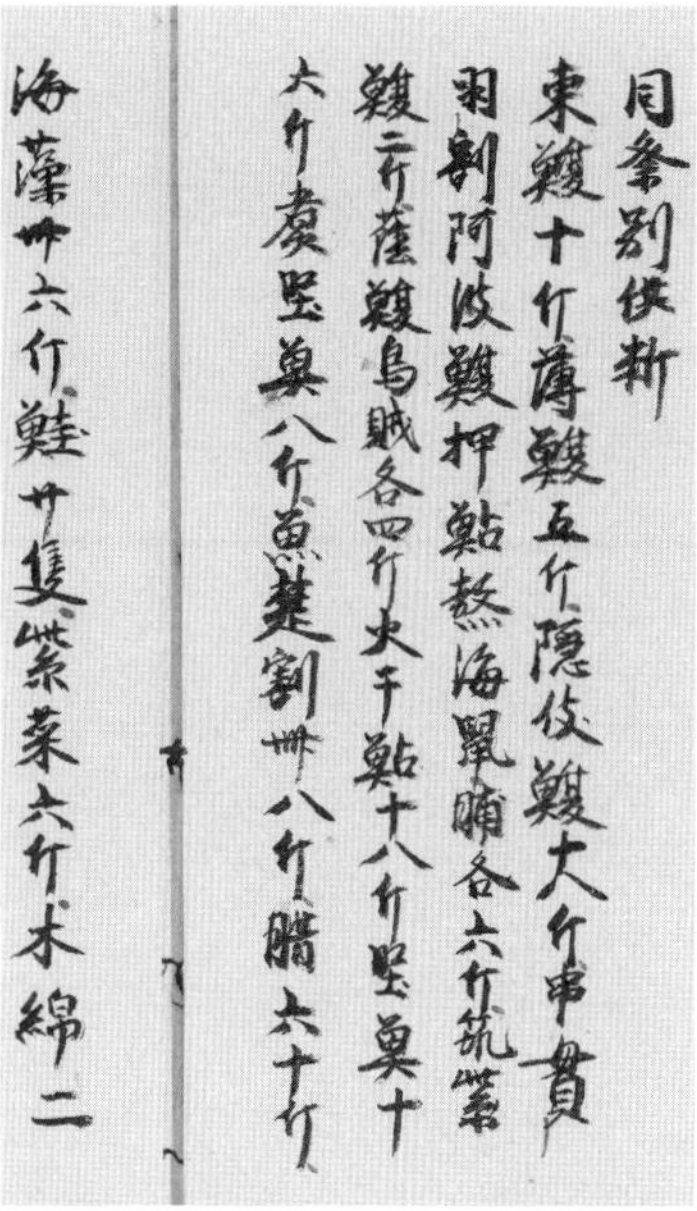

写真3　大膳式上16釈奠別供料条
土御門本『延喜式』巻32（国立歴史民俗博物館所蔵）

ワビのほかにも「薄鰒」や「蔭鰒」といった加工名アワビも計上されている。これらの食材は、当然のことではあるが、それぞれ個別の調理に対応するために準備される品目である。リスト上の地名アワビもまた、特定地域を産地とするアワビであれば加工の有無や種類を問わないというわけはなく、それぞれ特定の調理に対応した具体的な加工品目であることが指摘されよう。また、これも当然のことながら、地名アワビは同一リスト上に記載された他のアワビ品目とは異なる加工品であることは明らかである。

そうであるならば、食材リスト上の地名アワビについては、本来であればそれがどのような加工品なのか、といった情報も併記される必要がある。そうでないと、食材を準備する際に産地（貢納国）はわかっても、そのなかからどの品目を準備すればよいのかがわからず、リストとしての意味をなさない。例えば、先にみた釈奠別供料のリストに記載される阿波鰒は阿波国産であることがわかるが、諸国の税物が列挙される主計式上の貢納品リストをみると、阿波国の貢納アワビには「御取鰒《みとりあわび》」「細割《ほそわり》鰒《あわび》」「横串鰒《よこぐしあわび》」（以上は調として徴収）や「短鰒《みじかあわび》」

「腸漬鰒」「鮨鰒」（以上は中男作物として徴収）がみえる。特定の調理に阿波国産のアワビを使用するにしても、阿波国貢納の各種アワビのうちのどの品を準備するのか、といった情報は必要不可欠であろう。この点は釈奠別供料のリストに記載される東鰒以下の地名アワビについても同様のことがいえる。

しかし、地名アワビを記載する大膳式や内膳式などの食材リストには、産地のほかに加工の種類等を窺う情報は何も記されていない。『延喜式』には当時の官人にとって常識に属することは記さないという特徴がみられるが、これもその一例であろう。省力モードの条文として示される食材リストは現代人にとっては不親切極まりないが、リストを作成した大膳職《だいぜんしき》や内膳司などの担当官司の官人にとっては、それぞれの地名アワビがどのような加工品であるかについては周知のことであり、加工に関する情報記載の必要はなかったのであろう。

では、どのようにして担当官司は加工名アワビと地名アワビが混在する食材リストから供給時に適切に指定食材を準備できたのであろうか。供給のために保管場所から搬出する際、品目が特定できない地名アワビを他の加工品や割当て国以外の国の産品と取り違えないようにするためには、保管管理上の工夫が必要であろう。

貢納食材は、諸国で生産、梱包の上で京まで運搬される。中央では、まず主計寮でチェックを行い、終了後は大膳職といった調理・供給担当の官司に搬入して保管され、用途に応じて搬出して調理・供給される、といった流れとなる。その際、貢納品は主計寮で品目・数量を確認するために一部荷ほどきをされるものを除き、大部分は貢納国で梱包された状態のまま保管され、調理が行われる消費地まで運ばれたと考えられる。このことは、安房・隠伎・阿波・志摩・長門といった地名アワビの貢納諸国を含む八〇点以上の荷札木簡が、平城京跡の二条大路から出土していることからも窺える。▲これらの木簡は、貢納時に取り付けられた荷札が消費地ではじめて荷ほどきされた際にはずされたものであろう。つまり、大膳職などで食材を保管する場合、国ごとに主計寮のチェックを終えた貢納品が運ばれ、荷札木簡に記される一人分の貢納品が梱包されたままの状態で収納されていた、ということになる。収納の最小単位は貢納の単位である一人分の貢納食材であり、在庫管理の都合を考えるならば、それらはおそらく保管場所で食材別・加工別にまとめられていたことが予想される。その際、節会《せちえ》や祭祀で用いる食材として割り当てられた国の貢納品は、誤って他の用途で消費されてしまわないように区分した管理が必要となる。誤用を防ぐためにも、食材別・加工別の収納場所にわかりやすく割当て国の名称を表示して別置されたことが想定され、消費予定の行事のたびに的確な割当て国の品目が搬出されたと考えられるのである。具

荷札木簡の出土　奈良文化財研究所がインターネットで公開するデータベース「木簡庫」で確認できる。

体的に証明することは難しいが、地名と加工名が混在する食材リストが機能するためには、このような食材管理の方式でなければ不可能であろう。

次に指摘できるのは、節会などをはじめとした地名アワビが消費された国家的な儀式では、令制当初から儀式次第などが固定していたわけではなく、令制以降に整備されていった、ということである。例えば、先述した釈奠の場合、『続日《しょくに》本紀《ほんぎ》』▲大宝《たいほう》元年（七〇一）二月丁巳条にみえる事例が最も古い記録であるが、同記事の分注には「釈奠之礼」はこの時がはじめてだったとあり、令制とともに開始されたことがわかる。養老《ようろう》四年（七二〇）には釈奠のための器が造られて大膳職・大炊寮《おおいりょう》に充てられ（『同』同年二月乙酉条）、天平《てんぴょう》二十年（七四八）には、釈奠の衣装・用具や儀式内容を改定したことが記される（『同』同年八月癸卯条）。令制施行以降、儀式体裁は徐々に整えられていったのであり、祭料としての食材にも儀式の整備にともなう変遷があったことが予想されるのである。饗宴の有無や規模などが新たに設定された場合、食材によっては当面の供給を担保するために貢納国を指定して割り当てるといった状況も想定されよう。

また、アワビの貢納体制についても、令制当初から各種加工品やそれらを貢納する国が固定していたわけではない。アワビには限らないが、賦役令《ぶやくりょう》▲の調雑物の指定品にみえない貢納品が『延喜式』には記載される例もある（例えば主計式上

『続日本紀』　延暦十六年（七九七）に成立。六国史二番目の勅撰史書。

賦役令　大宝令（七〇一年施行）についで天平宝字元年（七五七）に施行された養老令の巻一〇。調・庸や労役について定める。

耽羅鰒の木簡　平城宮内裏北方官衙地区土坑（SK820）出土（奈良国立文化財研究所『平城宮木簡』一、三四四号、一九六六年）。

2 諸国調《しょこくちょう》条の「海鼠腸《このわた》」など）。貢納国にも変遷があり、奈良時代の荷札木簡に志摩国貢納の耽羅鰒がみえるが、▲『延喜式』の志摩国貢納品にはみえない、といった例も知られている。諸国の貢納品目や貢納国は令制当初から固定されていない状況が窺えるのである。特に令制施行当初は、各用途に対して食材を確実・適切に振り分けるほどには貢納体制の整備が不十分な状況も予想されよう。

　各行事で使用する食材の品目・数量は必ずしも固定されていたわけではない上、指定品の供給体制も整わない品目については、特定行事での安定供給を実現するために特定国の貢納品を優先的に割り当てることで対応したことは十分に考えられる。反対に、貢納量に不安のない加工品については、用途に応じて指定した貢納国の産品を割り当てる措置の必要もないので、加工品ごとに保管されたストックから貢納国に関係なく搬出・供給されたのであろう。品目ごとに異なる調達と保管管理の状況が、供給に関わる『延喜式』の各式条の食材リストに反映したものと思われる。

　いずれも史料で明確に確認できることではないが、『延喜式』にみえる地名アワビや加工品アワビが混在する食材リストは、こうした儀式や供給体制の整備・変遷の過程を反映しているのではないだろうか。

　このような理解はアワビに限らず、他の地名を冠した食材についても同様のことがいえよう。とはいえ、アワビ以外の地名を冠した産品は非常に少なく、能登《のと》鯖《さば》（内膳式19供御月料条《くごげつりょう》、主膳式2月料条）、紀伊塩《きいのしお》（大膳式下16年料条）、淡路塩《あわじのしお》（内膳式6神今食条《かんいまけ》）、生道塩《いくじしお》（主計式上16尾張国条《おわりこく》、大膳式下1東寺中台等条《とうじちゅうだいとう》▲）のみである。このうち生道《いくじ》は尾張国知多郡《おわりのくにちたぐん》所在の郷であり他の地名産品よりも狭い範囲となっている。これは承和《じょうわ》十一年（八四四）に東寺《とうじ》の供養料とされた塩であることがわかっており、▲尾張国の調塩《ちょうえん》とは別枠で収取される例外規定だったことが主計式から窺える。いずれにしても、アワビが食材のなかで突出して産地名呼称が多いことにかわりはない。

何故アワビだけが供給時に地名呼称されるのかについては、はっきりとした理由はわからない。ただ、アワビの収取方法として、民部《みんぶ》式下《しきげ》63交易雑物《きょうやくぞうもつ》条に列記される交易《きょうやく》という方法が取られていないことは注目される。交易雑物は八世紀末以降、調庸の品目の麁悪《そあく》・違期《いき》・未進《みしん》を補うため一般化するといわれているが、▲アワビには適用していない。これは、アワビの供給に関しては、他の食材と比して、特定国の産品を特定用途に割り当てる体制が早い段階から整えられていたからではないだろうか。島鰒といった「志摩」の国名を一字で表記する古体な用字などもそのことを裏付けている。アワビが令制当初より重要行事には欠かせない食材として重要視されていたということであろう。

大膳式下1東寺中台等条　近世諸写本には同条を単に「塩」として「生道塩」は傍注とするものもある。

東寺供養料の塩　西宮秀紀「古代尾張国と参河国――文献史料と木簡にみえる物品・特産物からみた特色」（『歴史研究』六三号、二〇一七年）。

交易雑物は……　早川庄八「律令財政の構造とその変質」（『日本古代の財政制度』、名著刊行会、二〇〇〇年所収、初出一九六五年）。

	大膳上1 四祭春料	大膳上8 薗韓神雑給料	大膳上9 平野雑給料	大膳上16 釈奠別供料	内膳16 五月五日	内膳19 供御月料	大嘗祭27 供神雑物
東鰒	24斤	32斤	165斤6両	30斤	1斤10両	531斤	50斤
安房雑鰒						274斤6両	
島鰒	12斤						
隠伎鰒		32斤	55斤	36斤	2斤5両	531斤	192斤
筑紫鰒				4斤			
阿波鰒				12斤	2斤5両		
佐渡鰒		28斤	42斤15両				40斤
出雲鰒					2斤5両		
長門鰒					2斤5両		

※上記以外の東鰒・隠伎鰒の式条は省略

表2 『延喜式』地名アワビ式条・供給量一覧

二▶地名が表示されたアワビ

本章では、個々の地名アワビについて、『延喜式』に記載される各用途で産地が指定された背景や、実際にはどのような加工品が地名アワビとして消費されていたのか、といった点を考察していく。地名アワビは漠然と特産品などとして理解されることが多いが、産地名には国名やより広域な地域名が冠せられるといった違いもある。こうした相違点も踏まえて地名表示の意味するところを検証する必要があろう。まずは、『延喜式』のなかでも多くの用途で消費される東鰒《あずまあわび》からはじめ、以下、産地や『延喜式』記載の食材リスト上の関連などに従って順に述べていきたい（表2）。

1 東鰒と安房雑鰒

東鰒

東鰒は、『延喜式』では神饌《しんせん》や供御《くご》、節会《せちえ》の饗宴、臣下への供給物な

図3　東国のアワビ貢納国

ど、さまざまな場面で消費されている。記載される式は、四時祭式《しじさいしき》上《じょう》、臨時祭式《りんじさいしき》、斎宮式《さいぐうしき》、斎院式《さいいんしき》、大嘗祭式《だいじょうさいしき》、陰陽式《おんようしき》、大学式《だいがくしき》、大膳《だいぜん》式《しき》上下、大炊式《おおいしき》、内膳式《ないぜんしき》、造酒式《みきしき》、主膳式《しゅぜんしき》に及ぶ。消費される総量は四四〇四斤一四両と計算されており、▲用途の多様さ、数量とも他の地名アワビと比較して群を抜いている。

消費量の多さは産地の生産量や貢納量の問題に直結するが、それは地名呼称が東国という一国に限定されない広域地名を指すことと関連すると思われる。東国の範囲については時代とともに変遷があり一定はしないが、東鰒の具体的な貢納国としては斎宮式78調庸雑物条に「東鰒三百斤〈安房〉」と分注に安房国がみえる。このほか、安房国の産品とともに上総国《かずさのくに》のアワビが東鰒として太政官厨家《だいじょうかんちゅうけ》に貢進される地子《じし》（田地の賃租料）に指定されている（『政事要略《せいじようりやく》』▲五三所載延喜十四年（九一四）八月十五日太政官符《だいじょうかんぷ》）。いずれにしても東鰒の貢進は房総地域が中心となっていたことが窺える（図3）。

ちなみに、「東」を冠する貢納品はアワビに限らず、『延喜式』には東絁《あずまぎぬ》、東《あずま》席《むしろ》、東木綿《あずまゆう》などの貢納品もみえる。特に東絁については、主計式上6調絹絁《ちょうけんあしぎぬ》条に駿河《するが》、伊豆《いず》、甲斐《かい》、相摸《さがみ》、武蔵《むさし》、上総、下総《しもうさ》、常陸、上野《かみつけ》、下野《しもつけ》の一〇カ国が貢納国として指定されている。東国産を意味する「東」を冠する産品の貢進地

消費される……　宮原武夫「東鰒と隠岐鰒」（『古代東国の調庸と農民』、岩田書院、二〇一四年所収、初出二〇〇〇年）。

『政事要略』　惟宗允亮（生没年不詳）編。一一世紀初頭成立の政務事例集。

域はこれらの諸国にも及ぶと思われる。

東国という広域な地域名を表示する貢納品の歴史的背景としては、『日本書紀《にほんしょき》』▲崇峻《すしゅん》五年（五九二）十一月乙巳条にみえる「東国の調」の貢進記事が注目される。『常陸国風土記《ひたちのくにふどき》』▲の総記には、孝徳朝《こうとくちょう》に坂東《ばんどう》（関東）の広域を任地として派遣された総領《そうりょう》がいたことも記されている。これらの史料は、六世紀末以降に東国を支配対象として一括して認識する領域観念が形成されていたことを窺うことができる。こうした観念は、実際に東国の産品を一括して収納し、王権全体に関わる諸行事の財源に振り分けて運用していく体制が早くから常態化していたことが示唆されよう。『日本書紀』天武《てんむ》五年（六七六）四月辛亥条には、諸王諸臣の封戸《ふこ》を西国から東国に切り替える記事がみえる。西国の個別家産を一括して東国へ振り替える政策は、東国が諸王諸臣ごとの個別分散的な収取体制ではなく、王権の一括した管理・運用といった財政上の把握が進んでいたからこそ可能な措置だったことが窺える。東鰒の名称と広範な用途への供給は、令制国が成立して国ごとの収取体制が確立した後も、東国産品を一括する令前からの運用体制が各中央官司の物品管理方式に遺制として残存し、食材リスト上の用語に定着したものと評価されよう。

このように考えると、東国産であれば加工の種類を問わずすべて東鰒と呼称さ

『日本書紀』 養老四年（七二〇）に成立。六国史一番目の勅撰史書。

『常陸国風土記』 養老五年（七二一）成立。官撰の地誌。

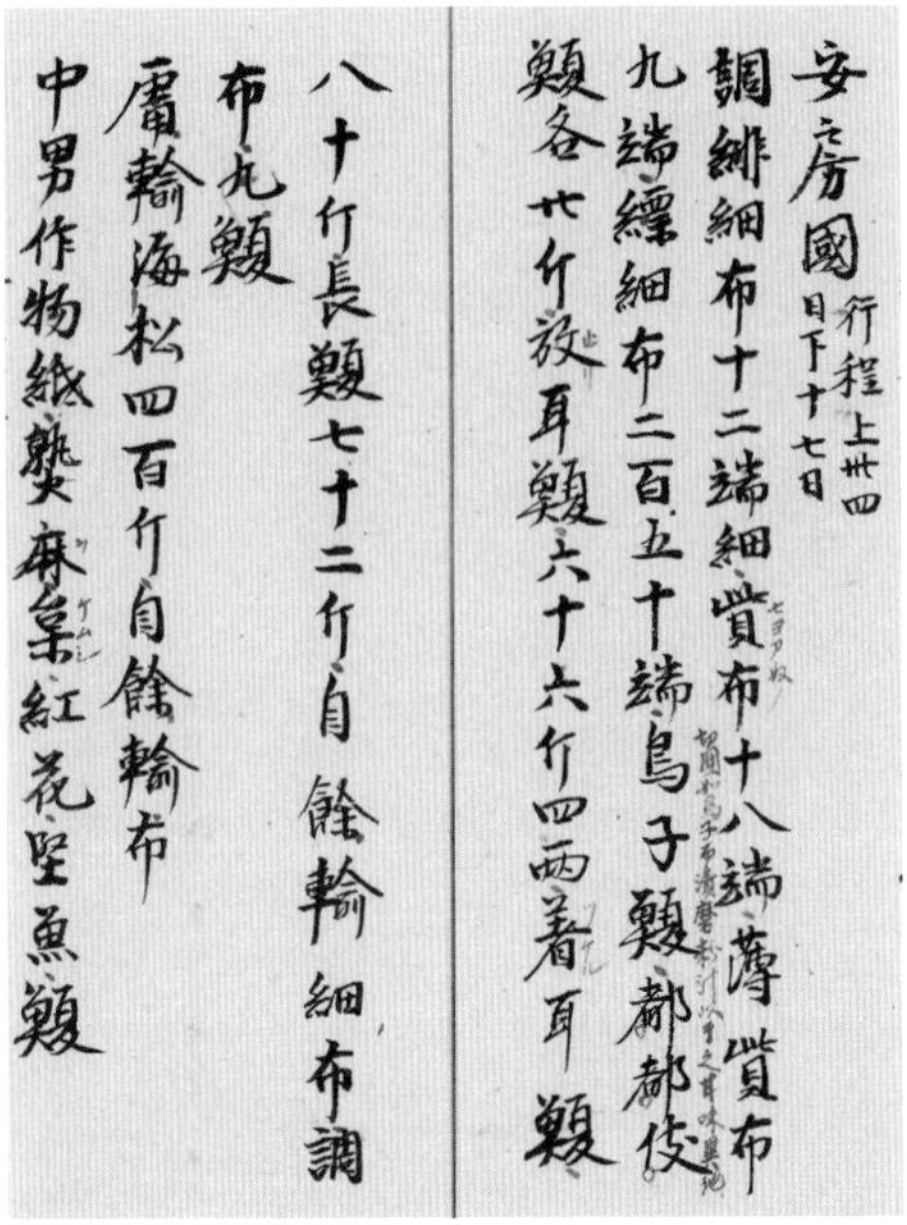
安房國 行程上卅四 日下十七日
調緋細布十二端細貲布十八端薄貲布
九端縹細布二百五十端鳥子鰒都都伎
鰒各廿斤放耳鰒六十六斤四両着耳鰒
八十斤長鰒七十二斤自餘輸細布調
布凡鰒
庸輸海松四百斤自餘輸布
中男作物紙熟麻枲紅花堅魚鰒

写真4　主計式上24安房国条　土御門本『延喜式』巻24（国立歴史民俗博物館所蔵）

れていたようにも思われる。しかし、東国産アワビが一般的通称として東鰒と称されていたとしても、『延喜式』の各食材リスト上の東鰒に関しては、具体的な調理対象として記される以上、同一リスト上の他のアワビの品目とは異なる特定の加工品として考えざるをえない。

個別のリストで注目されるのは、内膳式19供御月料条である。同条には天皇の食膳に供される月ごとの食材が列記される。アワビの品目としては、東鰒四五斤、薄鰒一一斤四両、隠伎鰒四五斤、醤鰒《ひしおのあわび》二一斤、安房雑鰒《あわのくさぐさのあわび》二三斤四両、腸漬鰒二斗三升二合五勺が記されている。その中には、東鰒のほかにも東鰒の中心をなす安房国産の安房雑鰒がみえることが注目される。供御月料としての東鰒は、安房雑鰒とされるもの以外の安房国産のアワビであった可能性が指摘されよう。

『延喜式』にみえる安房国貢納のアワビは、調としては鳥子鰒《とりのこあわび》二〇斤、都都伎《つつき》鰒《あわび》二〇斤、放耳鰒《みみとりあわび》六六斤四両、着耳鰒《みみつきあわび》八〇斤、長鰒《ながあわび》七二斤、「自余」（それ以外）として数量指定なしの凡鰒《おおしあわび》が記されている（写真4）。また、中男作物としては数量・品名指定のない「鰒」がみえる（以上、主計式上24安房国条）。このうち、安房雑鰒とは、年間貢納量が規定された鳥子鰒・都都伎鰒・放耳鰒・着耳鰒・長鰒の各品目にあたる可能性が高い。なぜならば、供御月料の規定は東鰒が一ヶ月あたり四五斤であるのに対して、年間レベルでの貢納量が規定された安房国の上記品目では、合算しても年間で五〇〇斤を超える供御月料の東鰒の供給量にはとても及ばないからである。そうなると、供御月料の東鰒とは、必然的に「自余」の凡鰒を指すということになろう。なお、中男作物に規定された数量・品名無記載の「鰒」とは、上述の各種アワビを状況に応じて補完するために設定された項目であったと考えられる。

では、凡鰒とはどのような品であろうか。「凡」は普通やありふれているといった意味であり、品名からは具体的な加工法までは特定することはできない。『延喜式』にみえる凡鰒の貢納国は安房だけであるが、安房国の貢納アワビのうち数量規定のあるものに比して生産量が多いといった意味で凡鰒と表現されたのかもしれない。ありふれていることを意味する「凡」の用字は数の多さを表現したものとも受け取れ、この場合、都で大量に消費された東鰒に充てる品を指した呼称だったとも考えられる。

また、平城宮跡からは、凡鰒六斤を貢納する安房国・上総国の荷札が各1点ずつ出土している。▲両国が東鰒の主要な貢進国だったことは先述のとおりであり、両国から貢進された凡鰒が東鰒として消費されていた可能性が示唆される。『延喜式』にみえる上総国のアワビについては、調と中男作物にみえる数量・品名指定のない「鰒」のみである。数量・名称が無記載である意味を説明することは難しいが、現地の生産体制が頻繁に変更されるとは考え難いので、指定されていないとはいえ、ある程度決まった加工品が慣例的に生産・貢納されていたと思われる。上総国の場合、その品が木簡にみられるように凡鰒だった可能性は高い。数量・名称が無記載の理由は、中央で把握される全体のアワビ供給体制において、上総国の貢納分が補完的な位置付けだったからかもしれない。

　それでは、凡鰒の具体的な加工法はどのようなものだったのであろうか。先述の上総国の荷札には、「凡鮑調陸〔六〕斤条卅一〔三一〕」とみえ、「条」という単位で数えられる加工形状であったことがわかる。「条」は細長いものを数える助数詞であり、おそらくは熨斗《のし》アワビのような細長の形状に加工して乾燥させたものだったのであろう。また、「条」の数え方は東鰒とも無関係ではない。平城京木簡にも条で東鰒の員数を数えるものが存する。▲このほかにも、大膳式下18造雑《ぞうぞう》物料《もつりよう》条には醤鰒《ひしおのあわび》の材料として東鰒六〇斤がみえるが、東宮（皇太子）の毎月の食材を記す主膳式2月料条には「醤鰒廿条」とみえる。醤とは大豆・小麦に塩を

平城宮跡からは……　安房国の凡鰒木簡は内裏東方東大溝地区SD2700出土（『平城宮発掘調査出土木簡概報』一九、二二頁上段、一九八七年）、上総国の凡鰒木簡は東院地区SD3236B出土（『同』一二、一三頁上段、一九七八年）。

平城京木簡にも……　左京三条二坊八坪東二坊坊間路西側溝SD4699出土（『平城宮発掘調査出土木簡概報』二三、一七頁下段、一九九〇年）の短冊状の木簡。「東鰒冊条堅魚十節」などと食材を列記した帳簿的な内容である。

加えて発酵させた調味料であり、これに漬け込まれたアワビが醬鰒である。その助数詞が「条」であることは、材料となった東鰒が「条」で数えられる加工形状であったからである。このように員数表示の点からも安房国貢納の凡鰒が東鰒として供給されていたことが示唆されよう。

なお、安房国産と特定できる東鰒は、大膳職で祀られる御膳神《みけつしん》八座の神饌として供給された東鰒についても指摘することができる（大膳式上1四祭春料《しさいしゅんりょう》条）。大膳職の御膳神については、内膳司長官の奉膳《ぶぜん》を世襲する高橋氏の『高橋氏文《たかはしうじぶみ》』▲に、安房大神《あわたいしん》を御食津神《みけつしん》として大膳職の祭神とすることとなった由来が記されている。『類聚三代格《るいじゅうさんだいきゃく》』▲天平三年（七三一）九月十二日格には安房の女性祭祀集団による御膳神の祭祀が記され、安房大神と大膳職との密接な関係が窺える。▲また、同条には東鰒とともに志摩国からの貢納品である島鰒が供給されているが、志摩国は御食国とも称され、先にみた高橋氏が国司に就任することが慣例となっていた。御膳神八座の神饌として供された東鰒もまた、御膳神、高橋氏とのつながりから、志摩国とともに安房国のアワビが供給されたのであろう。

安房雑鰒

東鰒に関連して、内膳式19供御月料条にみえる安房雑鰒について言及しておき

『高橋氏文』　高橋氏の家記をもとにした古記録。平安時代中期に成立した『本朝月令《ほんちょうがつりょう》』（惟宗公方著の公事書）などに逸文のみ残存。

『類聚三代格』　編者不明。一一世紀頃に成立。『弘仁格』『貞観格』『延喜格』の三代の格を分類・集成した法令集。

安房大神と……　川尻秋生「古代安房国の特質――安房大神と膳神」（『古代東国史の基礎的研究』、塙書房、二〇〇三年所収、初出一九九五年）。

たい。安房雑鰒は、安房国貢納のさまざまな加工アワビといった意味であり、同条の天皇の食膳に供される毎月の食材リストにのみ記載されている。具体的には、東鰒の項で説明したとおり、安房国貢納のアワビのうちから同じ供御月料として記載される東鰒（=凡鰒）を除く品目と考えられ、年間貢納数が規定された鳥子鰒・都都伎鰒・放耳鰒・着耳鰒・長鰒を指す可能性が高い。ただし、このうちの長鰒については他の四品目とは異なる性格を有しているので、安房雑鰒からは除外すべきかもしれない。この点については後述する。

これらの品は、長鰒を除いて安房国だけの特徴的な貢納品名である。安房国は令制以前から天皇の御膳に奉仕していた高橋氏との関わりが深く、安房国の貢納品もまた、令前からの深い関わりが示唆される。先述のとおり大膳職には安房大神が御膳神として祀られており、地域的な信仰を中央に取り入れることで地域の産業を中央に取り込んだ事例と指摘されている。▲安房国貢納アワビの独自の品名も、令前から知られていた現地の名称がそのまま主計寮の収納時の管理リストに記載され、定着したとも考えられよう。各品目については、鳥子鰒は鶏卵のように円形に加工され乾燥させたもの、都都伎鰒は小さなアワビを糸でつないで乾燥させたもの、放耳鰒はアワビの肉のまわりについた耳（ミミ）と呼ばれるビラビラした部分を切断して乾したもの、着耳鰒は耳を切除せずに乾したものとされる。▲

地域的な信仰を……　櫛木謙周「律令制収取の特質とその歴史的前提——諸国の産物からの考察」（『京都府立大学学術報告 人文』六八号、二〇一六年）。

各品目については……　農商務省水産局編『日本水産製品誌』三一頁（水産社、一九三五年）、矢野憲一『鮑』一〇二～一〇四頁（ものと人間の文化史六二、法政大学出版局、一九八九年）参照。

ただし、これらの説明は名称からの解釈に過ぎず、特に古代に遡る根拠があるわけではない。

このうち、鳥子鰒については、円形に整えるためには肉のまわりのミミを切除する必要があるが、それだけでは放耳鰒と大差ない形状加工となってしまう。主計式上2諸国調条によると、鳥子鰒の一人あたりの貢納量が二斤であるのに対し、放耳鰒は三斤五両である。税負担が均等であることを前提とすると、鳥子鰒の方が製造に労力がかかるか、加工による歩留まりが低いために貢納量が少なく設定された、とも考えられる。あるいは、切除はミミだけではなく、貝柱を残してまわりを切りとった後、さらに卵形に整形したのかもしれない。なお、複数の『延喜式』近世写本には、鳥子鰒について、「円く鳥《とり》子《のこ》［卵］のように切り、磨粉《とぎこ》汁《じる》［米の磨ぎ汁］に漬けて乾燥させる。うま味は他のものと異なっている」（原漢文）（写真5）という書き入れがある。単に円形に切って乾燥させるだけではなく、米の磨ぎ汁に漬ける工程が追加された説明となっていることは注目される。この加工法が近世以前に遡るのかはまったく不明であるが、とりあえず参考ま

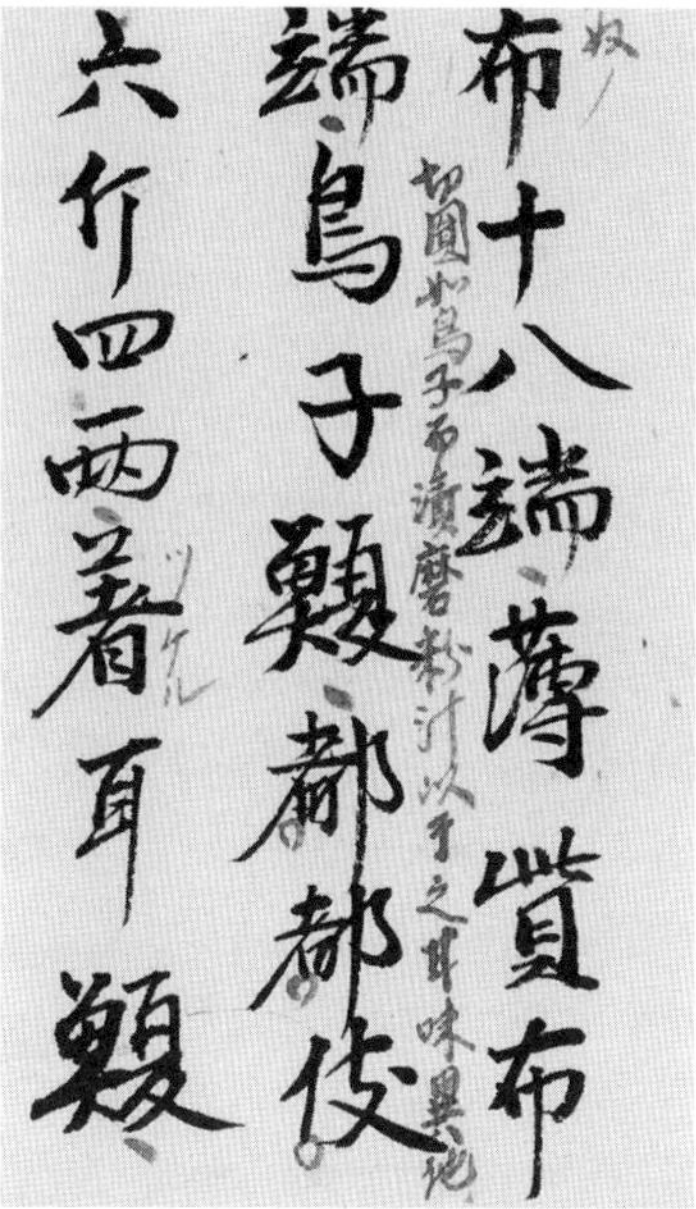

写真5　主計式上24安房国条「鳥子鰒」傍注部分　土御門本『延喜式』巻24（国立歴史民俗博物館所蔵）

『肥前国風土記』　八世紀前半に成立した官撰の地誌。

でに紹介しておく。

長鰒については、これら安房国独自の加工名アワビの中では唯一、他国も貢納する品目である。長鰒は、『肥前国風土記《ひぜんのくにふどき》』▲松浦郡《まつらぐん》の項によると、阿曇《あずみ》氏の活躍によって御贄《みにえ》となった各種アワビ加工品目の一つである。阿曇氏は高橋氏と並んで天皇の御膳に奉仕した氏族であるが、高橋氏の影響が強い安房国の貢納品に阿曇氏と関わる品目が指定されていることには、いささか違和感がある。あるいは、長鰒は令制当初からの安房国貢納品ではなく、後に追加された品目なのかもしれない。主計式上24安房国条に列記される加工名アワビの最後に長鰒が位置していることも、品目の指定が遅かったことに関係する可能性がある。そのように考えると、内膳式にみえる供御月料の安房雑鰒は安房国固有の品目のみを指すのであって、とりあえず長鰒は除外しておく方が無難であろう。

2　島鰒

島鰒《しまのあわび》は志摩《しま》の国名を一字で表記する古い表記法に特徴がある。同様の国名表記は、平城宮跡出土木簡にも散見される。『延喜式』には先に紹介した大膳式上1四祭春料条に島鰒六斤を東鰒一二斤とともに大膳職に鎮座する御膳神八座の春秋の祭ごとに神饌とすることが規定されている。大膳職の御膳神は『高橋氏文』にみえる安房大神であり、さらに安房・志摩両国は令前から天皇の食膳に奉仕する高橋氏との関わりが深い。これらのことから、神饌の対象に安房産と推定される東鰒と志摩産のアワビが用いられたことは先述のとおりである。「島」といった古い表記は、御膳神の神饌として志摩国のアワビを供給する体制が、令前の大膳職の前身官司の段階にまで遡る可能性を示唆している。

島鰒の具体的な品目については、志摩国の多様なアワビ貢納品のなかから特定することは困難といわざるを得ない。そもそも、加工品ではなく生きたアワビであった可能性もある。アワビは採取後も数日は生きているため、京から比較的近距離となる志摩の産品であればその可能性は高い。実際、内膳式40諸国貢進御贄条には九月～三月の寒い時期にのみ御贄として貢納される志摩国産の「鮮鰒《なまあわび》」がみえる。島鰒を消費する大膳職の祭祀も二月と十一月であり、鮮鰒の貢納期間と一致する。とはいえ、内膳式規定の鮮鰒に関しては「月別上下旬各二担」とあり、定量を一〇日ごとの旬料《しゅんりょう》として天皇の食膳に供することが決められた品である。各月同量であり、少なくとも旬料のリストからは神饌にまわす分量を確認することはできない。御贄として指定された志摩国貢納のアワビは鮮鰒を含めて計七種類もあるが、いずれの貢納量も鮮鰒と同じく各月同量であることから、御膳神の

伊勢二所太神宮神主注進状案　皇学館大学古文書研究会「国崎神戸文書」（『皇学館論叢』五巻三号、一九七二年）、石井進「天永二年の伊勢神宮領注進状」（『日本歴史』三五〇号、一九七七年）。

神饌としては主計式記載の品目を想定した方が穏当であろう。

主計式規定の志摩国貢納アワビは、調の品として御取鰒《みとりあわび》と雑鰒、庸の品として名称指定のない「鮑」がみえ、いずれも数量は規定されていない。調の雑鰒については、そのうちの一品が御贄である可能性は高いが、調は年一回の貢納で年間消費に対応する保存性の高い品とみられるので、少なくとも調の「雑鰒《くさぐさのあわび》」に鮮鰒は含まれないものとみられる。

注目されるのは調の御取鰒である。御取鰒は先にみた内膳式の旬料の御贄の品目としても指定されており、志摩国のアワビ製品を代表する品である。「国崎神戸《くざきかんべ》古文書」の天永《てんえい》二年（一一一一）伊勢二所太神宮神主注進状案《いせにしょだいじんぐうかんぬしちゅうしんじょうあん》▲に国崎神戸の貢納品として「水取蚫《みとりあわび》」「玉貫蚫《たまぬきあわび》」などと見え、伊勢神宮の神饌に供されている。「水取蚫」は御取鰒であり、玉貫鰒とともに前出の内膳式にみえる旬料の御贄の品でもある。御贄であり、神饌にも供され、調として貢進される御取鰒が大膳式の御膳神の神饌として供された島鰒であった可能性は高い。

御取鰒の加工実態は明らかではないが、三重県鳥羽市国崎町《くざきちょう》に所在する神宮御料鰒調製所《あわびちょうせいじょ》では、現在でも伊勢神宮の神饌として大身取鰒《おおみとりあわび》・小《こ》身取鰒《みとりあわび》と玉貫《たまぬき》鰒《あわび》を製造している。このうちの大身取鰒・小身取鰒は御取鰒に関連した名称であるが、その加工法は、玉貫鰒とともに第三章で紹介しているのでそちらを参照していただきたい。

3　隠伎鰒

隠伎鰒《おきのあわび》は、供御や節会の饗宴を中心としたさまざまな場面で消費され、広範な国家的な需要に対応する特徴を有している。『延喜式』には斎宮式、大嘗祭式、玄蕃《げんば》式《しき》、大膳式上下、内膳式、主膳式に記載され、用途の多様さと数量は地名アワビの中でも東鰒《あずまあわび》に次いでいる。特定用途のみに割り当てられた他の地名アワビとは明らかに異なる特徴である。

多くの宮廷儀礼で消費されていた隠伎鰒と東鰒は、平城宮・京跡出土木簡にも、東鰒2点、隠伎鰒1点に、その名称を窺うことができる。▲その数は決して多くはないが、これらの木簡は中央官司による物品の管理・出納の際に作成されたものであり、諸国が貢納時に作成する国・郡郷（里）＋人名＋税目＋品名＋数量といった記載形式を有するタイプの荷札とは異なり、税物の運搬・貢納を目的としたものではない。このことは、東鰒や隠伎鰒が『延喜式』の諸式でみられる食材管理上の呼称にとどまらず、一般的に通称されていたことを示している。特に隠伎鰒は、諸国の名産を列記する一一世紀中頃に成立した『新猿楽記《しんさるがくき》』▲や一五世紀前

隠伎鰒と東鰒は……　東鰒の木簡は前掲の条数記載木簡のほか式部省東方・東面大垣東一坊大路西側溝SD4951出土（『平城宮発掘調査出土木簡概報』三四、一四頁下段、一九九八年）。いずれも食材を列記した帳簿的な内容である。隠伎鰒の木簡は左京二条二坊五坪二条大路濠状遺構SD5300出土（『同』二九、四三頁上段、一九九四年）。「息伎鰒」とあり「勅旨」による出納品とおぼしき品が列記されている。

『新猿楽記』　藤原明衡（九八九—一〇六六）著。諸国の物産や職業、世相などを列挙。

『庭訓往来』 著者不明。往復の手紙の形式で世間の一般常識を列記する往来物。

半までに成立した『庭訓往来《ていきんおうらい》』▲にも記されており、中世には広く特産品として認識されていたことが窺える。

隠伎鰒の東鰒との違いの点を指摘するならば、神饌としての用途が大嘗祭と釈奠別供料のみと少ないことである。また、節会や祭祀に伴う饗宴の食材リスト上には、隠伎鰒は東鰒とセットで記載される場合が多いが、供給対象には違いがみられる。例えば、東鰒は、大膳式上4雑給料条では参議以上、五位以上、六位以下官人の全員に供給され、同式8宴会雑給《えんえざつきゅう》条でも親王以下から歌謡を奏する大《おお》歌《うた》・立歌《たちうた》といった広範な宴会参加者に供給されるが、隠伎鰒はいずれも五位以上のみの供給に限定される。つまり、隠伎鰒は東鰒よりもステイタスが高く位置付けられていることが窺える。中世に特産品としてブランド化した要因も、朝廷における最上品という位置付けが影響した可能性が指摘されよう。とはいえ、隠伎鰒が東鰒に比べて限定的な対象に供された要因は、必ずしも品質に限られるというわけではない。東鰒がどの階層にも供給される食材であったことは、隠伎鰒よりも神饌として利用されることが多かった点も含め、早い段階から国家的需要全般に対応し得る貢納品として位置付けられていたという評価も可能であろう。

いずれにしても、隠伎鰒が東鰒と同じように古代国家の多様な用途で消費されていたことは重視すべきである。その歴史的前提としては、東鰒に高橋氏との関係がみられたように、隠伎鰒には高橋氏とともに内膳司長官の奉膳《ぶぜん》を世襲していた阿曇《あずみ》氏との関わりが指摘される。狩野久氏によると、阿曇氏は海部《あまべ》を統率して供御の海産物を貢納する職務を伝統としていた。▲隠伎国には阿曇氏との関係を示唆する海部郡が所在し、隠伎国のアワビ貢納木簡には海部直《あまのあたい》氏や阿曇部《あずみべ》氏といった人名も散見される。つまり、隠伎国は阿曇氏の影響下にある海産物貢納を象徴する拠点的地域だったのである。狩野氏は、律令制下の隠伎鰒と安房国貢納品を中心とした東鰒は、令前のアワビ貢納体制、すなわち西日本は阿曇氏、東日本は高橋氏（膳氏《かしわで》）が管轄するといった分掌体制の反映であることを指摘している。また、宮原武夫氏は、高橋氏（膳氏）や阿曇氏が東西のアワビを使用して行う御膳の調理は、国土の領域・領海の支配権を神の前で確認する行為と解釈している。▲東鰒と隠伎鰒は天皇即位時の践祚《せんそ》大嘗祭での供神物でもあることから（大嘗祭式27供《く》神雑物《しんぞうもつ》条）、神前で領域的な支配権を確認するといった象徴的行為の指摘は妥当であろう。いずれにせよ、令制以前からのアワビ供給体制に関わる阿曇氏と隠伎国との関係が、律令制下における隠伎鰒の重点的利用の歴史的前提をなしたことは間違いない。

隠伎鰒の具体的な品目については、主計式上50隠《お》伎《き》国《こく》条に調として徴収された数量無記載の御取鰒・短鰒の2品が検討対象となる。広範に利用される東鰒と同

阿曇氏は……　狩野久「膳臣と阿曇連の勢力圏——古代における鰒の収取について」（『発掘文字が語る 古代王権と列島社会』、吉川弘文館、二〇一〇年所収、初出一九九五年）。

高橋氏や阿曇氏が……　宮原武夫前掲「東鰒と隠岐鰒」（『古代東国の調庸と農民』）。

様、隠伎国からの貢納品であればいずれも隠伎鰒と称された可能性もあるが、大膳職や内膳司の食材リスト上の隠伎鰒は具体的な特定品であったとみるべきであろう。

阿曇氏との関係を考慮するならば、『肥前国風土記』松浦郡の項にみえる「長《なが》鮑《あわび》・鞭鮑《むちあわび》・短鮑《みじかあわび》・陰鮑《かげあわび》・羽割鮑《はわりあわび》」といった加工品目が注目される。同説話は、これらの品目の様《ためし》（見本品）を五島列島の首長が服属に際して献上したという内容であり、阿曇氏が重要な役割を担っていたことを伝えている。あくまでも説話ではあるが、令制以前からのアワビ貢納と阿曇氏との深い関わりが窺える。当該説話に照らして隠伎国のアワビ貢納品目を特定するならば、説話中にも記載されている短鰒が有力となろう。しかしながら、御取鰒についても、主計式上では志摩・隠伎・阿波・筑前・肥前・豊後を貢納国としており、志摩以外では隠伎や西海道諸国といった阿曇氏とのかかわりが多い諸国であることが留意される。阿波についても那賀郡《なかぐん》に海部郷が所在しており（『和名類聚抄《わみょうるいじゅうしょう》』▲）、やはり阿曇氏との深い関係が窺える。また、島鰒の項でも指摘したが、御取鰒は伊勢神宮の神饌として重用されるなど、天皇制のイデオロギーと深く関わる加工品である。この点を重視するならば、供御や践祚大嘗祭で指定される隠伎鰒は、御取鰒であった可能性は高い。

『和名類聚抄』 源順（九一一―九八三）編。一〇世紀前半成立の辞書。

御取鰒については大膳式上1四祭春料条の島鰒の加工品である可能性を指摘したが、同条の食材リスト上に隠伎鰒はみえず、両品目が重複することはない。大膳職の食材管理としては、アワビ製品の保管場所に「島鰒」「隠伎鰒」を表示して別置するか、御取鰒の保管区画に両国貢納品を表示して区分するかのいずれかで、混乱なく食材の準備を遂行することができる。断定はできないが、『延喜式』の食材リスト上にみえる隠伎鰒は御取鰒であった可能性を指摘しておきたい。

4 筑紫鰒

次に、東鰒と同様に広域名称を冠された筑紫鰒《つくしあわび》についてみていきたい。

筑紫鰒は、『延喜式』の大膳式上16釈奠別供料条のみで確認される品目である。名称に冠せられた筑紫とは、現在の九州、古代の行政区でいうと西海道を指す古称である。筑紫の名称は、令制下では現在の福岡県に相当する筑前国、筑後国といった国名にも反映している。このうち、筑前国は、一一種類のアワビ加工品の貢納で知られている（主計式上66筑前国条）。とはいえ、筑紫鰒の呼称は、筑前国のアワビのみを指すわけではない。古代の西海道諸国の貢納品は中央に直接運ばれるのではなく、大宰府《だざいふ》に貢納された後、一部の指定品が中央へと送られている。

筑紫鰒とは、大宰府から貢納された西海道諸国のアワビのうちの特定加工品を指すのであろう。

そもそも大宰府は、七世紀の令制以前には筑紫《つくし》大宰《だざい》（ツクシノオオミコトモチ）と呼称されていた。国制が整備されていない七世紀後半段階では、大宰《おおみこともち》や総領と呼ばれる広域行政官が各地に置かれており、筑紫大宰もその一つであった。各地の大宰・総領は大宝律令が施行される七〇一年までには廃止され、外交の要地である筑紫大宰のみが令制官司として残されており、以降、唯一の大宰として特に筑紫を冠せずに大宰府と呼称されるようになったわけである。大宰府が貢納する筑紫鰒も、筑紫大宰から貢納される西海道諸国の品目であったために名付けられたとすると、令制以前に遡る名称であった可能性がある。その呼称が令制下でも慣例として大膳職の食材リストに定着していったものと思われる。

それでは、筑紫鰒として貢納された品は具体的にはどのようなものだったのであろうか。『延喜式』には大宰府から貢納されるアワビとして内膳式42年料御贄《みにえ》条に九品目が記されているが、この九種はあくまでも内膳司《ないぜんし》が管理する御贄の品目である。大宰府貢納のアワビの規定は同条のみである。一方、筑紫鰒が記される大膳式上16釈奠別供料条には、東鰒、隠伎鰒、阿波鰒といった地名アワビのほかに、薄鰒、串貫鰒、羽割鰒、蔭鰒といった加工アワビが列記されている。このうちの蔭鰒と羽割鰒は西海道諸国のみにみえる調の品目である。

なお、串貫鰒、羽割鰒は同リスト上に「串貫羽割阿波鰒、押鮎《おしあゆ》、熬海鼠《いりこ》、脯《ほじし》各六斤」とみえ、「串貫羽割」という一つの加工品として読まれることが多い。しかし、これは串貫鰒と羽割鰒の二種と読むことが可能である。串貫鰒は他にみえないが、主計式上2諸国調条には串鰒がみえ、串貫鰒はこの串鰒を指すものとも考えられる。ただし、何故か串鰒は具体的な貢納国は記されていない。このほか、主計式上には筑前・豊後といった西海道諸国のみの調として葛貫鰒《くずぬきあわび》がみえる。葛貫鰒の名称からは複数のアワビを葛《くず》などのつる性植物で連ねて乾燥したもの、という加工が窺える。串と葛の違いこそあれ、両品目は小粒のアワビを連ねてまとめたかたちで乾燥し、その形状のまま貢納された品であろう。

このように、釈奠別供料のアワビのうち、少なくとも羽割鰒、蔭鰒は西海道諸国の貢納品であり、薄鰒も西海道諸国の複数国から調・庸として貢納される品である。また、これらの品は、内膳式42年料御贄条で御贄として大宰府から送られた九種類の品目とも一致する。大膳職が供給を担当する釈奠別供料のアワビは、内膳司から振り分けられた品か、『延喜式』には特に規定されていないが大宰府から直接別納された品目かのいずれかであろう。断定はできないが、一致する品目が多くみられることから、前者を前提として筑紫鰒を特定してみたい。

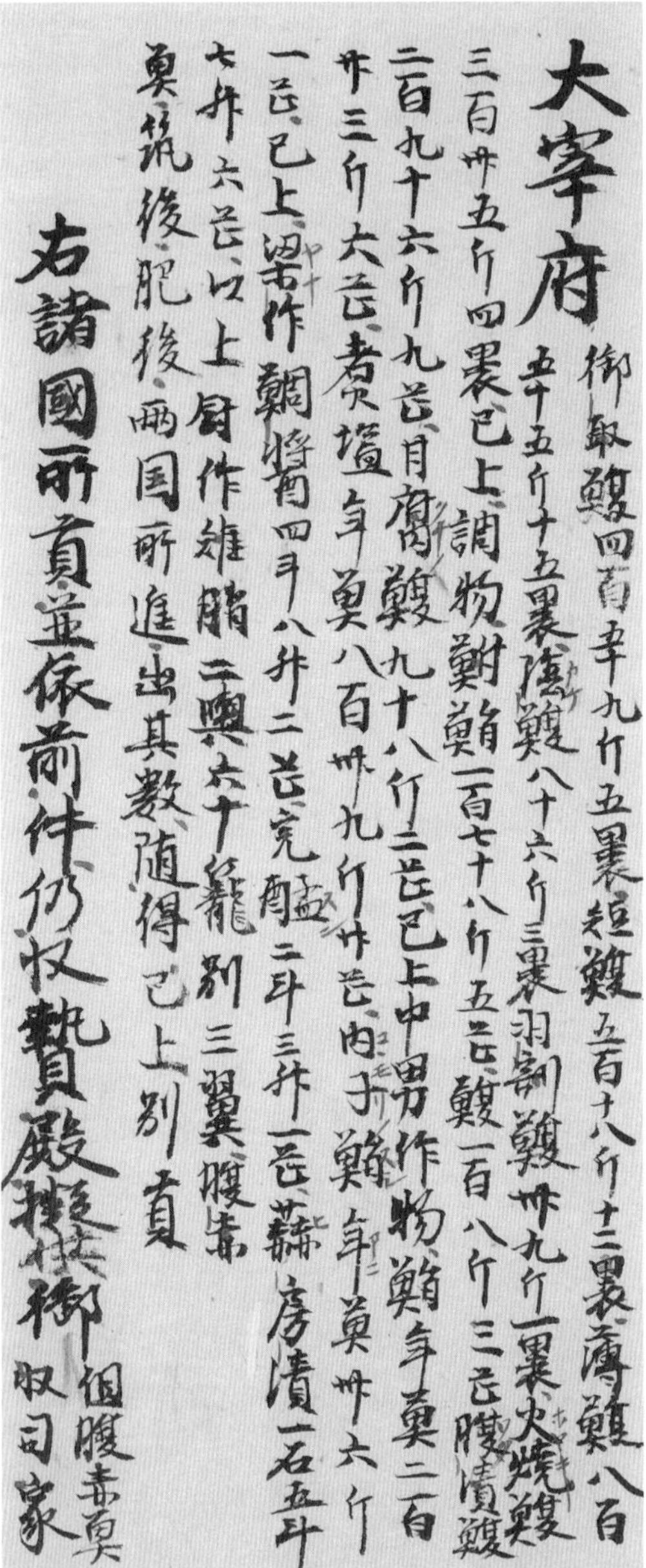
大宰府
御取鰒四百卅九斤五裹短鰒五百十八斤十二裹薄鰒八百
五十五斤十五裹陰鰒八十六斤三裹羽割鰒卌九斤一裹火焼鰒
三百卌五斤四裹已上調物鮨鰒一百七十八斤五籠腸漬鰒
二百九十六斤九籠耳腐鰒九十八斤二籠已上中男作物鮨年魚二百
卅三斤六籠煮塩年魚八百卅九斤廿籠内子鮨年魚卅六斤
一籠已上調物鯛醤四斗八升二籠完鮨二斗三升一籠蒜房漬一石五斗
七升六籠以上中男作雑腊二輿六十籠別三翼腹赤
魚筑後肥後両国所進出其数随得已上別貢
右諸國所貢並依前件仍收贄殿擬供御 但腹赤魚収司家

写真6　内膳式42年料御贄条（大宰府貢進御贄部分）
土御門本『延喜式』巻39（国立歴史民俗博物館所蔵）

内膳式にみえる大宰府の九種のアワビの御贄は、調や中男作物を御贄に振り替えて調達したもので、内膳司が管轄した贄殿《にえどの》に納められた（写真6）。調の税目で徴収された品は御取鰒、短鰒、薄鰒、陰（蔭）鰒、羽割鰒、火焼鰒《ほやきあわび》の六種であり、中男作物としての徴収品は鮨鰒《すしあわび》、腸漬鰒《わたづけあわび》、耳腐鰒《みみくちあわび》の三種となる。このうち、筑紫鰒は釈奠別供料として同時に供給される薄鰒、串貫鰒、羽割鰒、蔭鰒以外の品となる。これらの品目は、贄殿に収められる調の品目から収取された六種の中に含まれている。六種から釈奠別供料のリスト上の品を除くと、御取鰒、短鰒、火焼鰒の三種が残る。筑紫鰒はこの三種のいずれかである可能性が高い。強いて絞り込むとすれば、唯一、火焼鰒が西海道諸国のみで生産される品である。火焼鰒の詳細は不明だが、その品名からは焼いて乾燥させた、もしくは火で乾燥させたものと推察される。無論、中男作物の三種のどれかである可能性も皆無ではないが、いずれにしても確定することは困難であり、とりあえずは火焼鰒を筑紫鰒の最有力候補としておきたい。

5　践祚大嘗祭に関わる地名アワビ——阿波鰒・佐渡鰒

阿波鰒

践祚大嘗祭に関わる地名アワビとしては東鰒・隠伎鰒・佐渡鰒がある。しかしこのほかにも、大嘗祭式18由加物《ゆかもの》条には神饌の贄《にえ》として、阿波国那賀郡の潜女《かずきめ》一〇人が作る「鰒冊五〔四五〕編、鰒鮨十五坩」の貢進が規定されている。なお、「鰒冊五編」は『儀式《ぎしき》』▲四践祚大嘗祭儀下には「薄蚫《うすあわび》廿二連半、蚫鮨《あわびのすし》七壺半」とあり、具体的には薄鰒であったと思われる。ただし主計式上には阿波国貢納品に薄鰒はみえない。

『儀式』　貞観年間（八五九―八七七）に編纂された官撰儀式書『貞観儀式』といわれている。

阿波国の荷札木簡には……　平城京左京三条二坊八坪二条大路濠状遺構（SD5100）出土（『平城宮発掘調査出土木簡概報』二二、三九頁上段、一九九〇年）。

大嘗祭式同条では、阿波国のほか紀伊国《きいのくに》の賀多《かた》の潜女一〇人によるアワビの採取と加工・貢進も記される。紀伊国の賀多は海部郡《あまぐん》に所在し、阿波国の那賀郡にも海部郷《あまごう》が所在する（『和名類聚抄』）。阿波国の荷札木簡には那賀郡幡羅《はら》郷海部里《ごうあまり》に居住する阿曇部《あずみべ》氏による調の御取鰒の貢納が記されており、▲両国の海女《あま》は阿曇氏配下の海部集団であろう。また、『日本書紀』允恭《いんぎょう》十四年九月甲子条には、允恭天皇の命で男狭磯《おさし》という阿波国長邑《ながむら》（後の那賀郡周辺）の海人《あま》が海底の大アワビの鰒玉《あわびだま》を採取する記事がみえる。あくまでも説話であるが、阿波国では阿曇氏配下の海部集団が早くから供御のためのアワビ生産を行っていたことが窺える。阿波国を舞台とした海女によるアワビの採取は、新たに即位した天皇の統治の下で営まれる海の生業を象徴する産物として、大嘗祭の一連の祭儀に位置付けられたのであろう。

大嘗祭式とは別に阿波鰒として地名を冠するアワビは、大膳職担当の釈奠の供物や内膳司担当の五月五日節会の供御の食材としてみえる（大膳式上16釈奠別供料条、内膳式16五月五日条）。供給量は釈奠別供料では春秋ごとに各六斤、五月五日節会は二斤五両である。それぞれの儀式における阿波鰒の具体的な加工品目としては、まずは主計式上61阿波国《あわこく》条にみえる調の御取鰒・細割鰒《ほそわりあわび》・横串鰒《よこぐしあわび》、中男作物の短鰒・鰒腸漬《あわびのわたづけ》・鮨鰒《すしあわび》が候補となる。木簡の事例を考慮するならば「生鰒《なまあわび》」も

木簡の事例を……　平城京右京三条一坊三・四坪朱雀大路西側溝（SD2600）出土（『平城宮発掘調査出土木簡概報』三四、三二頁下段、一九九八年）。

みえるが、▲島鰒の項で考察したとおり寒い季節での供給が前提となるので、五月五日節会などは対象外となる。やはり、『延喜式』内で記載される阿波国貢納品の中から考える方が穏当であろう。このうち、御取鰒は大膳職が管理する釈奠別供料の食材リストでは隠伎鰒がそれにあたると想定されることは前述のとおりであり、同条にみえる阿波鰒を指す品目からは除外して考えたい。

あまり手がかりはないが、阿曇氏との関連が示唆される『肥前国風土記』記載の「長蚫《ながあわび》・鞭蚫《むちあわび》・短蚫《みじかあわび》・陰蚫《かげあわび》・羽割蚫《はわりあわび》」のうち、短鰒が阿波国の貢納品と重なっている。また、践祚大嘗祭で由加物の神饌として準備された鮨鰒の可能性もある。とりあえずは短鰒や鮨鰒を釈奠別供料や節会の供御料の有力候補として考えておきたい。

佐渡鰒

佐渡鰒は、大嘗祭式27供神雑物条では大膳職が具備する神饌として、大膳式上8薗韓神雑給料《そのからかみざつきゆうりよう》条および同式9平野雑給料《ひらのざつきゆうりよう》条では祭祀に参加する官人に給付する雑給料として消費された品目である。いずれも大膳職が東鰒、隠伎鰒とともに供給した品であり、佐渡鰒は大膳職の食材リスト上の表記だったということになる。

佐渡鰒が産地指定で供給された背景としては、東鰒や隠伎鰒と同様に天皇の支配が及ぶ範囲を象徴的に示すため、という説明がなされている。▲すなわち、東鰒の貢納国である安房と隠伎鰒の貢納国である隠伎は佐渡とともに遠流の地とされること、安房・隠伎両国はそれぞれ東海道と山陰道の終着点であり、佐渡国もまた疫鬼《えきき》を追い払う北の境界として「北方佐渡」とされること（陰陽式20儺祭《なのまつり》条）、などから境界地域より貢進される特別な意識という点が指摘されている。妥当な説であるが、高橋氏（膳《かしわで》氏）、阿曇氏による令制以前の食膳奉仕といった歴史性が看取される東鰒や隠伎鰒と比べて、佐渡鰒の史的前提にはそうした由来は窺えない点に注意する必要がある。

佐渡鰒が供給される薗韓神祭《そのからかみさい》や平野《ひらの》祭《さい》をみると、神祇令《じんぎりょう》に規定された令制当初からの祭祀ではないことが注目される。薗韓神祭は平安遷都以降の平安宮鎮護の性格があり、平野祭は桓武《かんむ》天皇（在位七八一―八〇六）の外戚神という性格を有している。いずれも九世紀前後に国家祭祀化されており、両祭祀に関する佐渡鰒の用途も九世紀以前に遡るものではない。また、「北方佐渡」といったような国土を境域で捉える観念は九世紀が転換期とされている。▲つまり、佐渡鰒を国土支配における境界領域とする認識も、九世紀以前には形成されていなかった可能性がある。そうであるならば、佐渡鰒が大嘗祭で供神物に指定された時期も平安時代

天皇の支配が……　相澤央「北の辺境・佐渡国の特質」（『越後と佐渡の古代社会――出土文字資料の読解』、高志書院、二〇一六年所収、初出二〇〇五年）。

国土を境域で……　村井章介「王土王民思想と九世紀の転換」（『日本中世境界史論』、岩波書店、二〇一三年三月、初出一九九五年）。

以降と考えるのが穏当であろう。

では、佐渡鰒とは具体的にどのような品目だったのだろうか。主計式上42佐渡《さど》国《こく》条によると、佐渡国貢納のアワビは中男作物として数量・名称が指定されない「鰒」がみえるのみである。木簡を含め、管見の限りでは他にも佐渡鰒を特定する史料は見当たらない。残念ながら各祭祀で供給された品目は今のところ不明というほかない。

6　五月五日節会に関わる地名アワビ——出雲鰒・長門鰒

出雲鰒

出雲鰒《いずものあわび》は内膳式16五月五日条にみえる供御の品目であり、その数量は二斤五両と決して多くはない。同条では他にも東鰒、隠伎鰒、阿波鰒、長門鰒の地名アワビがみえ、加工名アワビが一切記されていないといった特徴がみられる。各アワビの供給量も東鰒の一斤一〇両をのぞき、出雲鰒と同量の二斤五両である。このうち、長門鰒、出雲鰒だけが同条のみの供給品目となっている。

ちなみに内膳式の節会で規定された供御のアワビは、五月五日節会以外はいずれも東鰒・隠伎鰒のみである。他の地名アワビはおろか加工名アワビもみえない

（内膳式13正月三節《しょうがつさんせち》条・17七月七日条・18九月九日条）。こうした点からみると、節会で供給される供御のアワビについて、先にみた東鰒・隠伎鰒の供給が天皇による国土の領域・領海の支配権を象徴するという説▲が想起される。加工品が一切みえないことについても、令制当初からの東鰒・隠伎鰒という指定国による割当て体制のまま、供給体制に変動がなかった可能性も示唆されよう。ただし、五月五日節会に関しては、平安時代までに四月二十八日の駒牽《こまひき》、五月五日の菖蒲《しょうぶ》・続命縷《しょくめいる》の献上と騎射《きしゃ》、六日の騎射と、三日間にわたる行事内容へと拡大・発展している▲ことに留意する必要がある。阿波鰒、長門鰒、出雲鰒については、行事の拡大に伴って供御品として追加指定された新たな割当て国である可能性もあるが、残念ながらこれらの国々が指定された事情までは特定することはできない。

『出雲国風土記《いずものくにふどき》』▲では出雲国内でのアワビの優品の産地が紹介されており、産物としてアワビが早くから知られていたことは間違いない。また、神話には事欠かない出雲の地域的特殊性に目を向けると、他界から出雲に来臨したスクナヒコナが常世《とこよ》へ去って行く『日本書紀』『古事記』▲の説話などから、出雲は現世と常世との結節点として位置付けられていたと指摘されている▲。アワビも『医心方』が不老不死に関する伝説を紹介するように、常世や神仙思想とは無関係ではない。領域的支配権を象徴するという東鰒や隠伎鰒の観点からみると、出雲産のアワビ

東鰒・隠伎鰒の…… 宮原武夫前掲「東鰒と隠岐鰒」（『古代東国の調庸と農民』）。

五月五日の…… 大日方克己「五月五日節――律令国家と弓馬の儀礼」（『古代国家と年中行事』、吉川弘文館、一九九三年）、大浦一晃「平安時代初期における衛府制度と儀式整備政策」（『歴史研究（愛知教育大学）』六一・六二号、二〇一六年）。

『出雲国風土記』 天平五年（七三三）成立の官撰地誌。

『古事記』 和銅五年（七一二）成立。太安万侶（？―七二三）編。

他界から…… 菊地照夫「ヤマト王権の宗教的世界観と出雲」（『古代王権の宗教的世界観と出雲』、同成社、二〇一六年所収、初出一九九八年）。

長岡宮東辺官衙跡出土の文書木簡
SD32901 出土（『木簡研究』二一号、一九九八年所載）。

が出雲の宗教的な境界性によって天皇の治める現世の領域を象徴する食材と認識されていた可能性もある。五月五日節会に新たなアワビ供給の割当て国の追加が必要となった際に、出雲産のアワビに対する上述の認識が産地選定の要因となった可能性を指摘しておきたい。

具体的な加工品については、出雲国よりのアワビ貢納は、主計式上48出雲国《いずもこく》条に品名指定のない調の鰒二五斤と数量指定のない中男作物の薄鰒がみえる。また、春宮坊《とうぐうぼう》と推定される長岡宮東辺官衙跡出土の文書木簡▲には、東宮《とうぐう》（皇太子）の節《せつ》供料《くりょう》に関わる薄鰒がみえる。肆節供《しせつく》御料《ごりょう》とあるので五月五日に限定されるわけではないが、供御に準じる東宮への節会供給品に薄鰒がみえることは注目される。内膳式16五月五日条の出雲鰒も薄鰒である可能性は高いが、次にみる長門国からも薄鰒が貢納されているので（主計式上58長門《ながと》国《こく》条）、断定はできない。

長門鰒

長門鰒は出雲鰒と同様、内膳式16五月五日条のみにみえる供御の品目である。節会における供御の地名アワビは、令制当初より東鰒・隠伎鰒からの供給を基本としながら、行事内容の充実にともなって後に追加された可能性があることは、出雲鰒の項で指摘したとおりである。ただし、長門国が指定された背景は不明である。天平十年（七三八）の周防国正税帳《すおうのくにしょうぜいちょう》（「正倉院文書▲」正集三五）には「長門《ながとの》国《くに》豊浦《とよら》団五十長《だんごじつちょう》凡海部《おおしのあま》我妹《わぎも》」なる人物がみえ、海部集団を管理する阿曇氏との関連も示唆されるが、他国と比べて色濃く阿曇氏の活動が看取される地域というわけでもない。

長門鰒のアワビ貢納品としては、主計式上58長門国条に品名・数量が指定されない雑鰒《くさぐさのあわび》がみえ、中男作物としては数量が指定されない薄鰒がみえる。先にみた出雲鰒が薄鰒だとすると、長門鰒は雑鰒ということになり、具体的な品名は不明となる。木簡では、平城京の二条大路濠状遺構から天平八年（七三六）の紀年を有する荷札▲に「鰒耳漬壱缶《あわびのみみづけひともたい》　二斗」とみえる。「鰒耳漬」は他にみえず、税目も記載されていないが、調の雑鰒の一つであった可能性もあろう。お隣の筑前国の調・中男作物として腐耳鰒がみえ、「鰒耳漬」はその別称かとも思われる。

以上、『延喜式』記載の地名アワビについて、個々の地名が冠せられた歴史的な意味や具体的な加工品としての特定を試みてみた。現状では推測ばかりでわからないことも多いが、特産品という漠然とした捉え方に満足することなく歴史的理解を深める試みが大切であることを強調しておきたい。一見すると品名と数量が列記されるだけの無味乾燥ともいえる『延喜式』ではあるが、各官司の管理業

「正倉院文書」　奈良県の東大寺正倉院宝庫に保管されてきた奈良時代を中心とする文書群。

天平八年の紀年を有する荷札　平城京左京三条二坊八坪二条大路濠状遺構（SD5100）出土（『木簡研究』一二号、一九九〇年所載）。

務に関わる具体性をともなった視点から捉え直すなど、まだまだ多くの読み方が可能である。次章以降、アワビそのものの特質に視点を置いて、ある意味、文献史学の枠組みを越えた手法により『延喜式』を読み解いていく。

三▼長鰒（熨斗アワビ）の加工法と税物特性

これまで、『延喜式』のアワビ食材を中央官司における収納・供給といった管理場面から検討してきたが、本章と次章では税物としての加工・貢納の視点から検討する。なお、本来であれば、加工のほかにも採取の場面を含めた生産全般を検討することが望ましいが、採取に関してはアワビの生態を踏まえた漁場や漁獲法といった諸条件の検証が必要であり、本書ではそこまで言及することはできない。ここでの考察は、加工法や税物の輸納に焦点を絞って進めていきたい。

『延喜式』をはじめとする文献史料には、残念ながらアワビの加工法が直接窺える記載はない。さらには、各加工品目が食材としてどのような特性を有しているのか、どんな味なのかについてはまったくわからないのが実状である。このため本書では、食材の復元実験、成分分析という従来の文献史学とはまったく異なる手法によって、加工法や食材の成分特性にアプローチしていく。食材の形状といったビジュアルを含めたさまざまな特性が明らかとなれば、運搬・保管といった作業場面における具体的なイメージが可能となるだろう。そしてそれは、『延喜式』に記載される各種食材リストから古代国家の営みそのものを読み取っていくための、新たな分析視角を与えてくれるものと期待される。

復元対象としては、ある程度の加工形状がわかるもの、そして伝統的な加工法を参考にできる品目が望ましい。これらの条件にあうものとしては、現在も伊勢神宮に献上されている熨斗《のし》アワビと同様の形状に加工したと思われる乾燥品の長《なが》鰒《あわび》と、琵琶湖のフナ鮨などと同じ「なれ鮨」とした発酵品の鮨鰒《すしあわび》があげられる。

両品目は乾燥と発酵という異なる方法で加工されたためか、主計式上2諸国調条にみえる一人分の貢納量は、長鰒六斤に対して鮨鰒四六斤という大きな差がみられる。古代税制は実物貢納を基本とするため、一人あたりの貢納量は税負担の均等性が意図され、品目ごとの製造コストを考慮した数量とされたのかもしれない。しかし、両品目の貢納量の差はあまりにも大きく、ともにアワビを材料とするだけに、その要因はたいへん気になるところである。そうした点に注意しながら、各品目について行った復元実験と成分分析を紹介し、考察していきたい。

1　長鰒の形状

『延喜式』によると、長鰒は正丁《せいてい》一人あたり六斤▲(約四〇四四グラム)の貢納が

斤・尺　木簡や『延喜式』にみえるアワビの数量に関する斤・尺は、大斤・令小尺(唐大尺)が使用される。古代は現在の尺貫法と異なり、正倉院御物などから一斤＝一六両＝約六七四グラム、一尺＝一〇寸＝約二九・七センチメートルと換算される。

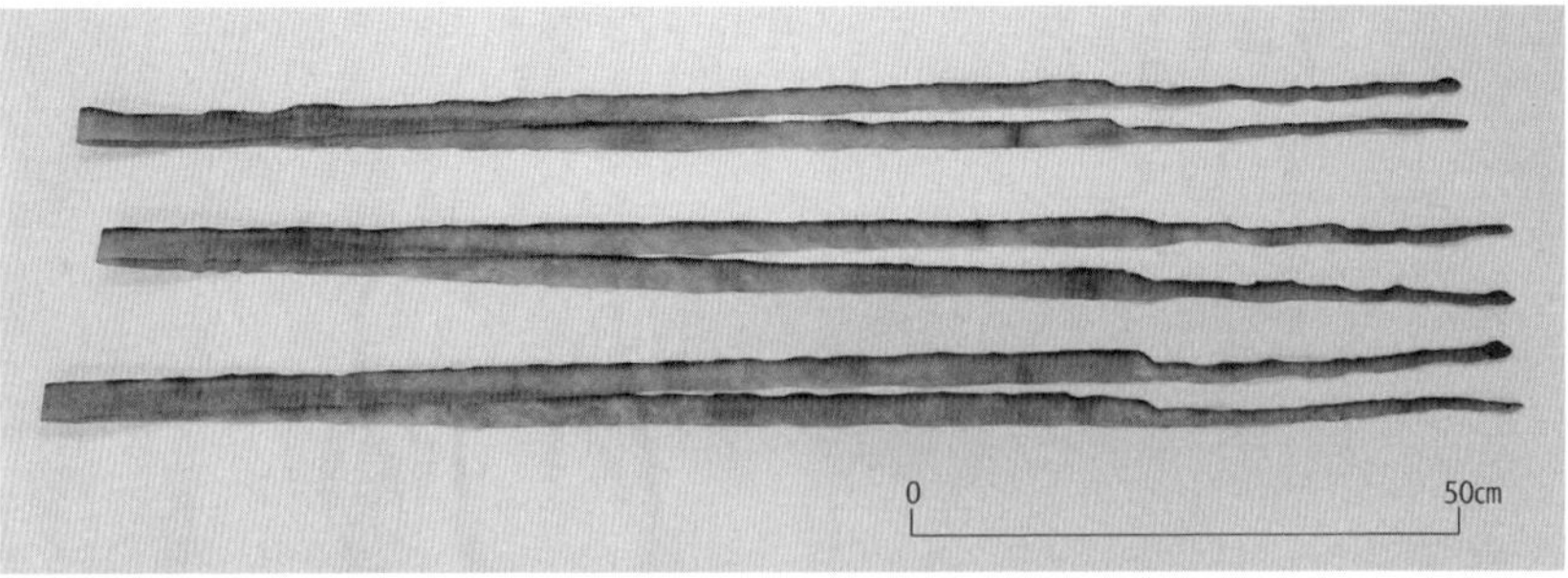

写真７　長鰒（二つ折り模型）　国立歴史民俗博物館所蔵

写真８　神宮御料鰒調製所周辺の風景

規定された安房・伊予・肥前の調物である（主計式上2諸国調条・24安房国条・63伊予国条・68肥前国条）。藤原宮跡出土木簡にも品名が確認されることから、律令制当初から貢納される税目であったことが窺える。

その形状は、平城宮跡から、

・長鮑壱籠納参拾漆〔三七〕条〈卅一〔三二〕条七尺／六条六尺四寸〉

・天平十七年〔七四五〕九月

と記された荷札木簡が出土しており、長さ「七尺」（約二〇八センチメートル）や「六尺四寸」（約一九〇センチメートル）に達する特徴的な形状だったことがわかる（写真７）。その長さからは、小口切りされることなく都まで運搬されたことが窺える。また、堅魚・鰒・海藻などの海産物は「籠」を単位として取引され、アワビの場合は六斤一籠を基準としていたことが指摘されている。六斤は長鰒一人分の貢納量であることから、一籠（＝六斤）とあるこの木簡も長鰒一人分の貢納を示したものであることがわかる。

二メートルを超えるアワビの加工法とはどのようなものなのか、また、このような長大なアワビをどのようにして都まで輸納したのであろうか。

2　伊勢神宮の熨斗アワビ

長鰒の加工法を特定するためには、現在も伊勢神宮の神饌として奉納されている三重県鳥羽市国崎町の神宮御料鰒調製所（以下、調製所とする）で製造される熨斗アワビの加工法が参考となる。調製所製造のアワビは長熨斗《ながのし》と称され、三メートルを超える加工品として紹介されている。無論、現在の熨斗アワビの製造法が古代のそれと同一であるとは限らないが、加工対象であるアワビの性質自体は時代を問わない。その点では、現代の製造法とはいえ、古代でも適用可能なアワビの加工条件を探り、製造上必要な工程を把握するためにはたいへん有益な情報であろう。

調製所の熨斗アワビ製造は、国崎町町内会の「熨斗あわび保存会」が行っている。国崎町は現在でも海女漁《あまりょう》が盛んであり、神宮創設のきっかけともなる神饌のアワビを奉納してきた伝承を有する地域である（『倭姫命世記《やまとひめのみことせいき》』）。調製所は国崎町東端の鎧崎《よろいざき》という木立が生い茂る半島状に突き出た岬（写真8）に所在し、海

品名が確認される木簡　藤原宮跡SD105出土。天武の嬪である「宍人娘」の名がみえる（和田萃「一九七七年以前出土の木簡（五）奈良・藤原宮跡」『木簡研究』五号、一九八三年所載）。

長鮑……と記された荷札木簡　内裏北方官衙地区土坑（SK820）出土（奈良国立文化財研究所編『平城宮木簡』一、四六一号、一九六六年）。釈文中の〈　〉は二行割書、／は改行。

堅魚・鰒……　大隅亜希子「律令制下における権衡普及の実態――海産物の貢納単位を中心として」（『史論』四九集、一九九六年）。

調製所製造のアワビは……　矢野憲一『鮑』八六頁（ものと人間の文化史六二、法政大学出版局、一九八九年）。

『倭姫命世記』　鎌倉時代に成立した伊勢神宮の神道書。

女が採取するアワビの漁場に接している。調製所での作業は、Aアワビを切って熨斗状に引き伸ばす作業と乾燥、そしてB乾燥した製品をいったん水戻しして形状を整えるための二次加工と再乾燥、という大別して二つの作業が行われている。Bの作業は最終的な形状である大身取鰒《おおみとりあわび》、小身取鰒《こみとりあわび》、玉貫鰒《たまぬきあわび》の三種類に形状加工するためである。これらの品目の形状については、後述の調製所の二次加工を説明する際に紹介する。伊勢神宮へは、三節祭《さんせつさい》と総称される十月の神嘗祭《かんなめさい》と六月・十二月の月次祭《つきなみさい》で奉納されている。奉納は三度であるが、Aの作業は五〜六月頃に行われる一回だけであり、各祭祀の二週間前にBの二次加工と再乾燥が行われる。筆者は、長鰒の復元実験のため、神宮司庁と熨斗あわび保存会の許可を得て、二〇一六年から翌年にかけて、Aの工程を一回、Bの工程を二回と計三回の調製所の見学、聞き取り調査を行っている。以下、古代の加工条件を考慮しながら、調製所での熨斗アワビ加工を紹介していきたい。

3　熨斗アワビの一次加工——神宮御料鰒調製所の事例より

Aの熨斗状に長く引き伸ばす形状加工と乾燥加工の手順は、以下のとおりである。

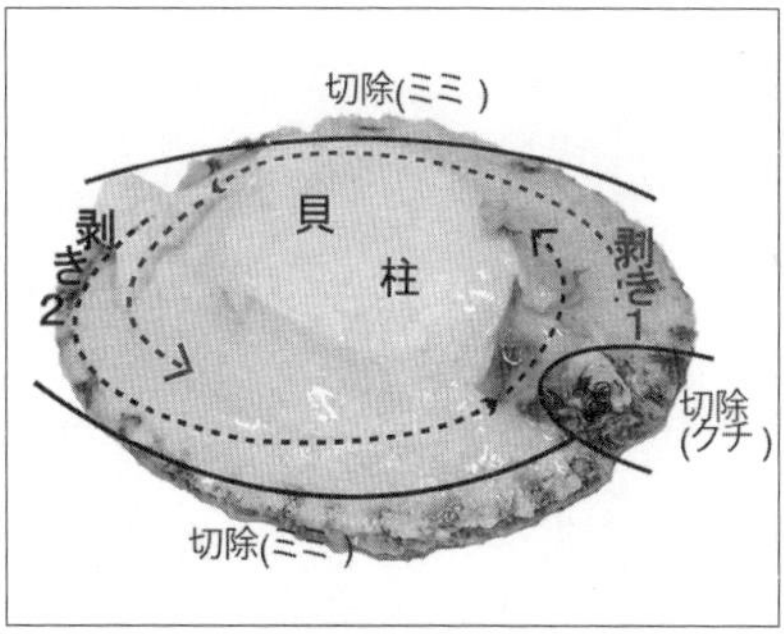

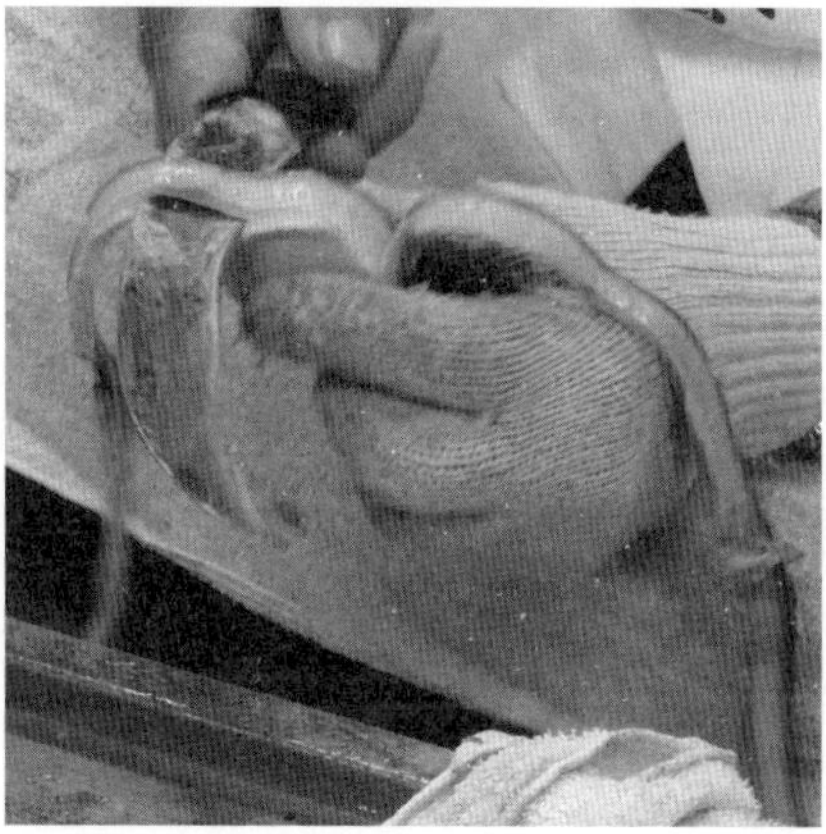

右：写真9　桂剥き（両剥き）　ノシガタナで２箇所から剥いていく
上：図４　両剥き概念図

①殻・腸の除去。生きたアワビの身と腸を金属製のヘラを使って殻からはずし、さらに腸を手で身から除去してむき身とする。

②水洗い1。たわしを使用して真水でむき身を洗い、表面の汚れとヌメリを取る。この際、クチと呼ばれる硬い部分を手ではずす。

③桂剥《かつらむ》き（写真9）。ミミと呼ばれる硬い周縁部分とクチの残存部を切除。ただしミミは⑤の吊しで自重による引き伸ばしを行うので半分ほど残しておく。手でたたきつけて適度に身を締めてから、ノシガタナと呼ばれる鎌状の包丁で周辺から中心部にむかって約五ミリメートルの厚さで剥いていく（図4）。外側2箇所から同方向に渦巻き状に交互に剥く両剥《りょうむ》きと呼ばれる剥き方であり、熨斗の両端がむき身の外周部、真ん中がむき身の中央部となる。剥いた時点で一メートル二〇センチ〜二メートルほどの長さとなる。アワビが小さい個体の場合は片剥《かたむ》きとよばれる一方向だけからの桂剥きとなる。この場合は熨斗の両端は片方がむき身の外周部、もう片方が中央部となる。

④水洗い2。剥き終わったアワビをまとめて真水で洗浄し、ヌメリを除去する。真水は身が硬くならない程度のぬるま湯を使用する（身が締まる冷水は不可）。

写真10　吊し干し　室内で陰干しする

⑤吊し。熨斗状に剝いたアワビの中央部を竿にかけて吊し、上からサラシ布を被せて2~3時間ぬるま湯を掛け流す。ヌメリの除去とともに熨斗アワビを自重で引き伸ばす工程となる。

⑥吊し干し（写真10）。三日間ほど屋内で竿にかけて乾燥。ストーブ・扇風機を使用して室温を上昇させる。従来は天日干しだったが、蠅やカビの害を避けるための処置とのことである。

⑦保管。完全乾燥後、奉納前の再調製（Bの作業）まで密閉した収納具で乾燥剤を入れて保管する。

加工方法をまとめると、生きたアワビをむき身にして桂剝きにし、吊して自重で長く引き伸ばすものである。聞き取り調査によると、使用するアワビの種類は、身が柔らかいメガイアワビないしはマダカアワビが適しており、地元の国崎の海《あ》女《ま》が採取した殻長一一センチメートル以上、重量三五〇グラム以上のものを使用するという。マダカアワビは貝柱の嵩《かさ》が高く、殻長も最大で二〇センチメートルを超える品種であるが、現在は漁獲量が激減しているのでメガイアワビの使用が大部分を占めている。現在最も市場に出回っているクロアワビは身が硬くて桂剝きにむかないとのことであった。

製造の時期は、アワビの旬である五～六月を中心に集中して行われ、必要量に達すると終了する。八月以降のアワビは質が落ち、桂剝きや吊し乾燥の際に切れてしまい、熨斗加工にはむかないという。熨斗加工に適したアワビの品種や加工の時期といった条件は、古代も同じであったと考えられる。税物の地域指定や労働力の編成に関わる生産のサイクルを考察する上で、重要な情報である。

③の桂剝きは、五ミリメートルが吊し干しの際に切れずに最も長くなる厚みということである。一定の厚みに剝くことはかなりの熟練を要するが，極力薄くすることには乾燥を早めて腐敗のリスクを軽減する効果が想定できる。また、厚みを一定とすることによって、乾燥時間は個体差に関係なく等しくなり、製造管理の効率化につながる。Bの水戻しの際も、同じ厚みであることが水戻し時間の一定化につながることを確認している。こうした生産性の向上に結びつく規格化は、税物として一度に大量生産が必要となる古代においては、より徹底して行われていたものと考えられる。

両剝きという特殊な剝き方については、この方法により全体が左右対称の形状となることが注目される。その形状は，長鰒の中央部がむき身の貝柱部にあたるため、最も幅広となる。熨斗アワビの両端となる部分は、むき身の外周の部位に

図5　吊し加工の風景（想像図）　イラスト：松田奈穂子氏

あたるため、最も細くなる。ミミは、切除する際に一部を残し、吊し干しで引き伸ばす時の重りとして利用するという。乾燥すると二メートルを超えるため、吊す際の高さを考慮するとなるべく低い位置となるように真ん中から吊す方がよい。真ん中は最も切れにくい幅広の中央部分であり、左右対称形にも引き伸ばせるというメリットもある。

②④の水洗いや⑤の吊しでは水道水が利用されているが、古代においては、水道水はもちろん使用できず真水の大量確保も困難なので、周辺の海水を用いたのではないだろうか。海水利用の例として、福岡県宗像《むなかた》の鐘崎《かねがさき》で明治三十年代まで作られていた熨斗アワビの事例では、吊しの際に上から海水をかけていたという報告もある。▲古代においても、吊し加工の際は図5のように海水をかけていたのであろう。海水は真水よりも入手が容易なことに加え、海水塩分による蠅の産卵やカビの発生防止といった衛生面での効能のほか、酸化防止等の効果も期待できることが予想される。

⑤の吊しはアワビを細長く伸長させるために最も重要な工程となる。後述する二〇一八年度実施の復元実験では、この時間を短縮してしまったためにまったく伸長しなかった。この失敗の原因は、⑥の乾燥時の吊し干しでも伸長すると考え

福岡県宗像の……　矢野憲一『鮑』八九頁（ものと人間の文化史六二、法政大学出版局、一九八九年）。

ためであるが、常に水分を補給した状態でなければ伸長しない。このため、調製所では濡れたサラシ布を被せて水をかけつづけるわけだが、古代には木綿は存在しないので、おそらく麻布を使用したものと思われる。

加工量と作業日数については、神宮に奉納する熨斗アワビは約六〇キログラムであり、作業日数は計一五日ほどかかるが、昔は大きな個体だったので三日程度で終わっていたとのことである。また、殻・腸を除去する前の合計一〇〇キログラムほどの活アワビは、加工と乾燥によって七・五キログラム程度になるという。歩留まりは七・五パーセントであり、この数値は、後日の復元実験▲でも確認したところである。

乾燥した熨斗アワビは、数ヶ月の保管を経て奉納の二週間前にBの作業を行う。その工程は、三〇分ほどの水戻しを行った上での二次加工となる。二次加工では、コロ竹と称する径六センチメートルほどの竹筒を転がして平らにするコロ調製を行った後に、小口切りにして藁で束ねて大身取鰒、小身取鰒、玉貫鰒の三種類を作成する「つなぎ」と呼ばれる作業が行われる。

古代の長鰒に関しては、長さが七尺などとある前述の木簡の記載からみて小口切りすることなく都まで運搬されたことは確実であり、最終的な形態は異なる。とはいえ、古代の長鰒も、都までの運搬を考えると二次加工は不可欠だったと思

後日の復元実験…… 後述する二〇一六年の実験。ただし両剝きを行った二〇一七年の実験では、未熟な技術で行ったため切除部分が多くなってしまい、歩留まりは六・六パーセントになってしまった。

われる。熨斗アワビは乾燥すると半透明の飴色となり、曲げると折れるほど硬化した状態となる。吊した状態のまま乾燥・硬化するため、そのままでは長さ一メートルを超える二つ折りの形状となり、それだけの長さとなると運搬の際に折れてしまう危険性が高い。長距離を運搬する税物としては、長い形状のままではなく、折り畳むといった加工処置と籠への収納・梱包は必須となろう。しかし、乾燥して硬化した状態の長鰒は無理に折り畳むと折れてしまう。そのため、現在の工程と同様に水戻しして再調製・再乾燥する二次加工が行われたことが想定される。

4 熨斗アワビの二次加工——神宮御料鰒調製所の事例より

調製所で行われるBの水戻し・二次加工・再乾燥は以下のとおりである。

①水戻し。午前3時半頃に開始する。二つの桶とバケツに真水を満たして乾燥した計二〇キログラムの長熨斗《ながのし》を約三〇分間浸す。手にあたる感触で戻り具合を推しはかり、簀《す》の子（セイロ）の上に引き上げる。サラシ布で包み、蓆《むしろ》を被せて足で踏んで揉みしだく。

②コロ作業。直径六センチメートル（長さは決まっていないが七センチメートル程

度）の竹筒（コロ竹）に巻き付けながら、台（調進台）に載せたタチイタと呼ばれるまな板の上で少しずつ押し転がして平らにする。近年では金属製の筒（径は竹製に同じ。長さ一一センチメートル程度）も使用している（写真11）。

③小口切り。まな板に記された目盛りにあわせて長熨斗を小口切りする。大身取・小身取用が長さ九寸、玉貫用は二寸二分。玉貫用は両端部の細い箇所を使って作成する。国崎漁業組合編『国崎神戸誌』一九二九年によると、幅は大身取が八分（約二・四センチメートル）、小身取が四分（約一・二センチメートル）、玉貫が三分（約〇・九センチメートル）とある。

写真11　コロ作業　写真は復元実験時のもの

なお、聞き取りによると、一本の長熨斗のうち、幅広となる中央部が大身取、狭くなる中央部の両外側が小身取、細い両端部が玉貫となるとのことであったが、現地で見ている限りでは、大身取と小身取については幅の差は確認できなかった。

④つなぎ。当年に収穫した藁を使い、大身取鰒、小身取鰒、玉貫鰒を作成する。使用す

る藁は、計二〇〇〇本。長さを揃えて用意する。大小の身取鰒用には先端を尖らせ、節から先が短いものを用いる。玉貫鰒用は藁の節から先がなるべく長いもの七〇〇〜八〇〇本を用いる。藁は切れにくくするため水に一時間漬ける。

つなぎ作業の詳細は、大身取は小口切りしたもの五枚を重ねて二つ折りとし、折り曲げ箇所近くにキリで孔をあけて藁を通し、もう一本の藁を折った箇所でもとの藁とクロスさせ、縒りあげる。同様のものを作成して計二連とし、この二連を藁の先で結んで完成（計一〇枚使用）。小身取は一枚を二つ折りにしたものと半枚にしたものを重ねて大身取と同様に孔をあけ、これとは別に二枚を二つ折りにしたものにも同様に孔をあけ、それぞれに藁を通して縒りあげ、両方の先を結んで完成（計三枚半使用）。玉貫は藁四本の先端一箇所を結んで結び目を固定し、玉貫用の熨斗二枚一組のもの一二組を二列に並べ、先の四本の藁のうち二本を使って挿みながら編みあげ、二本の藁を縒りあげて先を結ぶ。もう一列も同様に作って完成となる（計四八枚使用）。

⑤再乾燥。屋内で物干し竿に藁の部分を引っ掛けて吊し、二〜三日で乾燥。ストーブを使用して室温を高め、乾燥時間を早めている。

上記作業のうち、②のコロ作業は、長く伸ばすためではなく、平らにするための処置である。実際、吊り下げて乾燥させると湾曲した状態で硬化するので、複

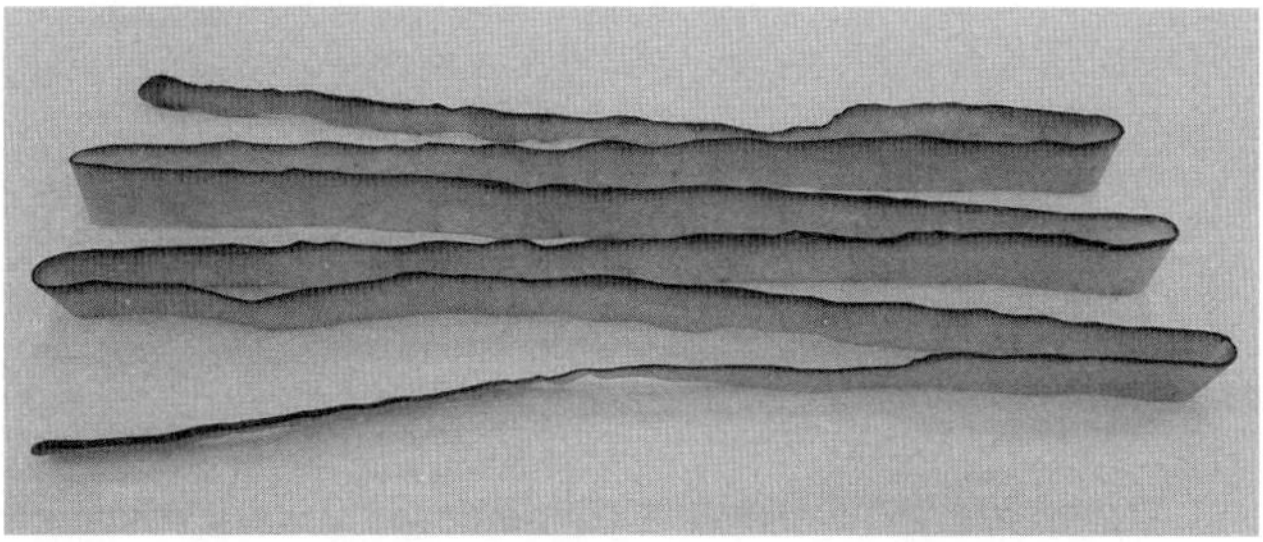
写真12　長鰒（六つ折り模型）　国立歴史民俗博物館所蔵。長さに応じて三つ折り、四つ折り、六つ折りとする

数を束ねると無駄にかさばってしまう。古代の税物加工の場合も、見栄えとともに梱包時にかさばらないようにするためには平らにする作業は不可欠である。長距離を大量に運搬する古代の税物としては必要な工程であったと想定されよう。また、聞き取りによると、三〇分の水戻し時間は柔らかすぎず固すぎずの状態に戻すのに適した時間とのことであり、再乾燥にかかる時間は最初の乾燥時よりも短いとのことであった。

水戻し後の乾燥時間の短縮は、古代の長鰒の工程にとって重要な情報であった。長鰒は小口切りではなく梱包に備えて折り畳んだと想定されるので（写真12）、重なりあうために厚みが数倍となって乾燥に時間がかかることが予想され、腐敗のリスクが高まる。この点を考慮すると、折り畳み状態での乾燥は、乾燥時間が短くなる水戻し後の再乾燥はたいへん都合がよい。当初、一次加工時の長く引き伸ばした後に直ちに折り畳むことも考えたが、そうなると吊し乾燥は行えず、横置きでの乾燥となって腐敗の可能性が予想された。作業効率や腐敗回避の点から判断すると、古代の長鰒製造の折り畳み加工は、現在と同様に二次加工の工程であったとみるべきであろう。

以上の事前調査で情報を収集した後、調製所と同様のＡＢの工程で復元実験を行った。もちろん、長鰒の場合、Ｂの二次加工については、小口切り・つなぎ作業ではなく折り畳みのための作業となる。具体的な時期については、桂剝きに適した五〜六月、遅くとも身質が変化する八月以前に設定した。二次加工の時期は、調製所が最初に行う水戻しが十月の神嘗祭で奉納する二週間前の九月末であり、この時期は古代の調の貢納期とも合致する。このため、十月貢進を前提とした九月末を二次加工の時期とすることが妥当と判断した。以下、筆者が行った復元実験・成分分析により、税物としての長鰒の加工法や食材としての特性を具体的に確認してみたい。

5　長鰒復元実験

長鰒の復元実験は、予備実験と追加実験をあわせて三回実施している。いずれも志摩地方の海女が採取した活アワビを用いている。二〇一六年に行った予備実験では、一個体あたり平均約二八〇グラム程度の小さなメガイアワビのみの入手であり、桂剝きも両剝きを試せなかった。しかしこの実験による成分分析の結果、乾燥による濃縮率以上に遊離アミノ酸の一種のグルタミン酸や核酸の一種であるイノシン酸といったうま味成分や各種呈味成分の増加が確認された（表3）。また、加工による歩留まりが調製所での聞き取りと同じ約七・五パーセント、乾燥

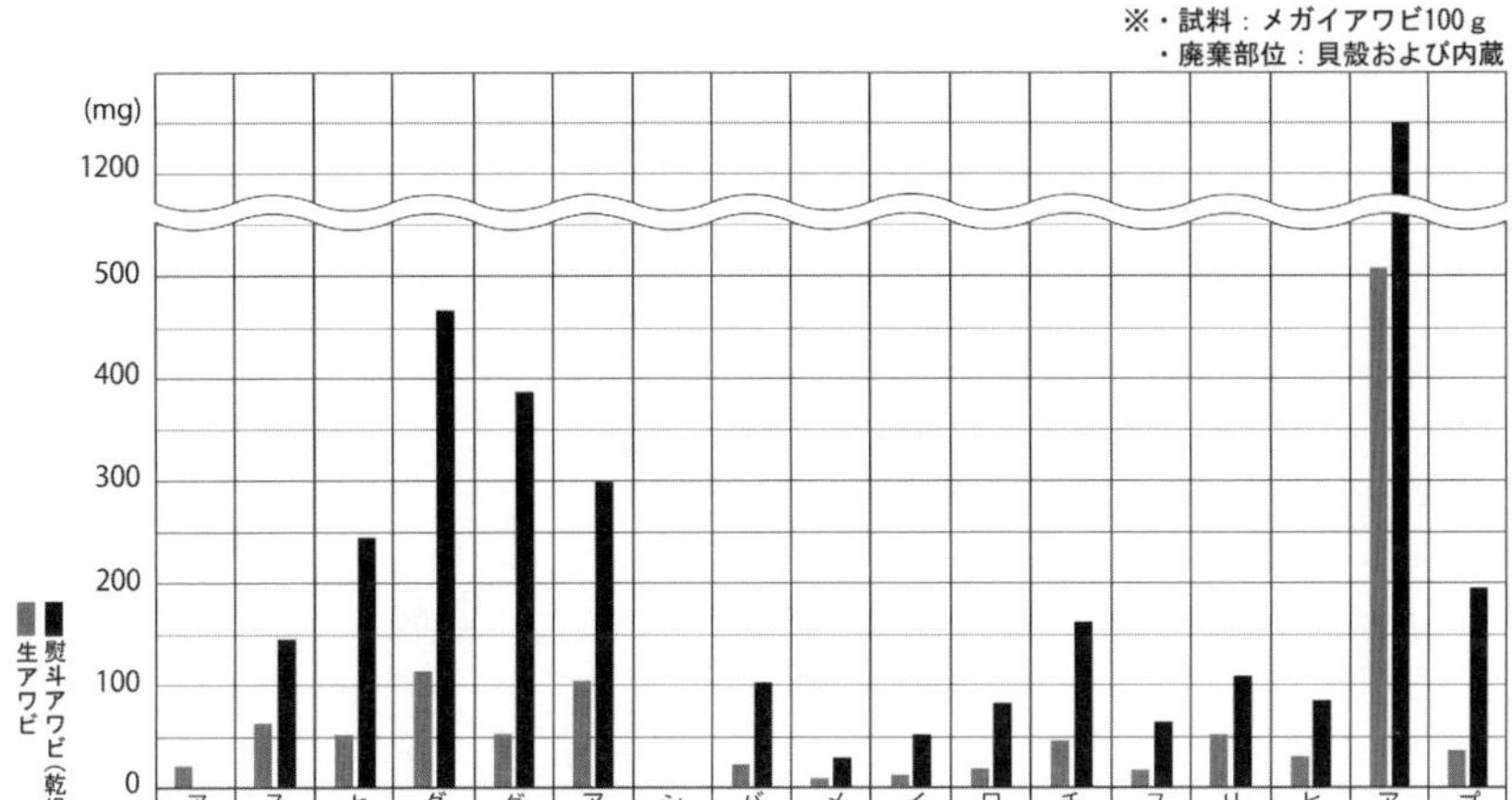

	アスパラギン酸	スレオニン	セリン	グルタミン酸	グリシン	アラニン	シスチン	バリン	メチオニン	イソロイシン	ロイシン	チロシン	フェニルアラニン	リジン	ヒスチジン	アルギニン	プロリン
■生アワビ	20.5	63.4	50.6	112	51.8	104	未検出	21.6	9.7	11.5	18.4	47.6	17.9	51.8	31.0	507	37.3
■熨斗アワビ（乾燥）	未検出	146	244	468	386	299	未検出	101	30	51.6	81.9	162	64.4	108	85.3	1250	184

※成分分析は味の素食の文化センター、味の素食品研究所のご協力により実施。

表３　熨斗アワビの遊離アミノ酸値

による重量の減少率が約二六・七パーセントであったことなどを把握できたことは、長鰒一人あたり六斤の貢納量について、材料となるアワビ一個体あたりの平均サイズを検討するきっかけともなった。

二〇一七年に行った二回目の実験では、平均約七一〇グラムのマダカアワビが入手できたため、はじめて両剝きによる加工、および長鰒を折り畳んだ梱包形状で行う二次加工の再乾燥、さらには長期保管実験を実施している。その結果、乾燥による減少率はメガイアワビと同様であることが確認できたが、両剝きは熟練した技術が必要なため加工には無駄が生じてしまい、厚みも平均五ミリメートルで均等には処理できず、長さや重量の把握の点では正確性を欠いてしまった。長期保管では、大部分の成分値の減少が確認されたが、減少の幅は小さく、実際の味覚の上でどれくらいの差異があるのかは不明である。ちなみに、製造から三年以上たった二〇二〇年現在も、実験時の製品の一部を

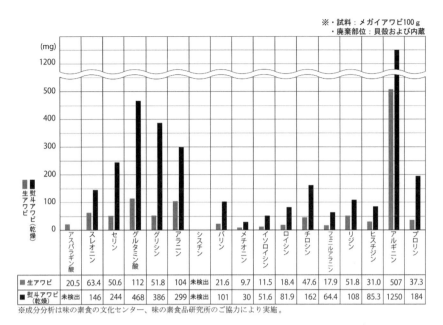

常温で保存しているが、表面観察上では特に変化はみられず、保存食材としては十分に機能するものと思われる。

また、Bの水戻し・二次加工・再乾燥については、二次加工のために必要な水戻しはAの乾燥で失われた水分量の五分の一を戻すだけでよいことがわかった。再乾燥にかかる時間がAの一次加工時より短いことは把握していたが、Bの水戻しで吸収する水分量を算出できたことで、乾燥時間の短縮の要因を数値的に裏付けることができた。短時間での乾燥が可能なため、折り畳んで蓆《むしろ》においた状態で乾燥させてもまったく腐敗することはなかった。これにより、税物の梱包・運搬のための二次加工も含め、調製所のABの加工工程は基本的に古代の長鰒と同様であったことが確認された。

二〇一八年には天日干しによる乾燥加工を検証した。天日干しは、開始直後の乾燥の進行は早いが、それは上乾《うわがわ》きの状態に過ぎず、全体の乾燥にかかる時間は陰干しと大差はないことが確認された。天候の変化や鳥獣被害等の恐れを考えると数日間継続して天日干しを行うことは現実的ではない。加工時期が六月以降の梅雨にかかることを考慮するならば、雨がしのげる程度の風通しのよい屋内での陰干しが最適と判断される。

6 長鰒製造に用いるアワビの特徴と品種

復元実験による最大のメリットは、実験前には意識していなかった問題を発見することであろう。

最初に行った二〇一六年の実験では、最大の個体は殻・腸付きの活アワビで約三一五グラムであり、熨斗アワビ完成後は長さ約一三一センチメートル、重量約三一グラムであった。乾燥による減少率は約二六・七パーセントと軽量であり、これでは古代の長鰒一人あたりの貢納量六斤（約四〇四四グラム）にするためには一三〇個体も必要になる。本章冒頭で紹介した木簡の「七尺」三一条と「六尺四寸」六条の長鰒は、一籠＝六斤とすると計三七条となり、必要なアワビの個体数は三七ということになる。実験結果はこれと大きく乖離する数字であったため、木簡のアワビを一条あたりに換算してみると、七尺のものは約一一〇・六グラム、六尺四寸のものは約一〇一グラムとなった▲。さらに歩留まり七・五パーセントから漁獲時の活アワビの状態に換算すると、七尺のものは約一四八〇グラム、六尺四寸のものは約一三四七グラムとなる。いずれも非常に大きな個体である。

この木簡から算出される数値は決して特別のものではない。平城宮・京跡出土

木簡のアワビを……　七尺の三一条と六尺四寸の六条をすべて尺に置き換えると二五五・四尺。全体で六斤（約四〇四四グラム）なので一尺あたり約一五・八グラムとなる。これを七尺と六尺四寸に乗じたものがそれぞれの質量として算出される。

の安房国の荷札木簡では、『延喜式』に規定される長鮑と同じ一人あたり六斤で員数を条で数えるものが三八点出土しており、その条数の範囲は三〇～六二条である。これらのなかには凡鰒《おおしあわび》一点が含まれるが、以外は「調鰒《ちょうあわび》」とするのみで、名称は無記載である。安房国貢納の鰒のうち、一人あたり六斤で条を単位とするものは長鰒と凡鰒のみなので、他の名称のないものも凡鰒の可能性もある。しかし、他国も含めて確認されている凡鰒の木簡はいずれも先の尖ったタイプであり、名称のないものはほとんどが切り込みを入れた荷札型か短冊型である。凡鰒の木簡と同じタイプの木簡を念のために除外し、条数がわからない木簡や内容が重複する木簡▲も除くと、残りは二五点となる。この場合でも条数の範囲は三〇～六二条とかわらず、平均では約五二条となる。▲歩留まりから換算した加工前の鰒は、最大値（三〇条）、最小値（六二条）、平均値（五二条）で、それぞれ約一七九七グラム、約八六九グラム、約一〇三七グラムと換算される。このように大きな個体となる品種はマダカアワビ以外に考え難く、長鰒の品種はマダカアワビとみて間違いないであろう。

これまでの研究では、木簡にみえるアワビの条数は、単なる個体差と認識するのみであり、どちらかというとバラツキとして捉える評価であった。しかし、実験結果から得られた長鰒の歩留まりなどを用いて改めて検証してみると、個体差

内容が重複する木簡　荷の外側につける札と中に入れる中札と考えられる（馬場基「荷札と荷物のかたるもの」『日本古代木簡論』、吉川弘文館、二〇一八年所収、初出二〇〇八年）。

残りは二五点と……　清武雄二「古代における長鰒（熨斗鰒）製造法の研究――加工実験・成分分析による実態的考察」（『国立歴史民俗博物館研究報告』二〇九集、二〇一八年）では凡鰒と同型式の先の尖った木簡二点と形状不明の一点も含めて二八点で平均約五一条としたが、これらも除外して再計算した。

はそのとおりであるが、バラツキではなく大きさや品種を選定した結果の数値として再評価される。現在、マダカアワビは漁獲量が極端に少ないため、伊勢神宮に奉納する熨斗鰒の製造用にはメガイアワビの使用が大部分を占めている。実際、二〇一七年の実験の際に七〇〇グラム以上のマダカアワビを志摩の水産会社に注文したところ、一〇個体を集めるのに一ヶ月かかり、翌年には五〇〇グラム程度のものしか入手できなかった。しかし、調製所の聞き取り調査では昭和四〇年代くらいまではそれなりにマダカアワビも採取できていたということである。古代の長鰒については、現在よりも漁獲が見込めるマダカアワビを長鰒の加工対象として選択的に使用していたのであろう。

四▼鮨鰒（アワビのなれ鮨）の加工法と貢納量

1 『延喜式』の鮨鰒

鮨鰒《すしあわび》はアワビのなれ鮨である。『延喜式』には、斎宮式・主計式上に志摩・紀伊・阿波・伊予・筑前・肥前の調・中男作物として記され、内膳式では大宰府より中男作物を振り替えた御贄としての貢納が記載されている。また、大嘗祭式18由加物《ゆかもの》条には阿波国より神饌の贄として鮨鰒を製造・貢進する記事がみえる。貢納量は調が一人あたり四六斤、中男作物は二斤一〇両である。貢納諸国は斎宮式78調庸雑物条の志摩国を除いて西日本に集中するが、主計式上には若狭国《わかさのくに》の調として鰒甘鮨《あわびのあまずし》という品目もみえる。甘鮨は他にみえず、「甘」が、美味《うま》いとか塩気が薄いという意味なので、発酵の浅いなれ鮨のことかもしれない。しかし、鰒甘鮨は調の品目なので基本的には年間の消費に耐え得る必要があり、発酵期間が短いと保存に耐え得るのかといった疑問が残る。若狭国は供御の品を供給する御食《みけつ》最も伝統的な……　日比野光敏「すしの歴史に関する研究」（『だれも語らなかったすしの世界』、旭屋出版、二〇一六年）。

国《くに》とも称されるので、あるいは御贄に振り替えて日を置かずに食される品なのかもしれない。

いずれにしても、古代の鮨は、酢で酸味をつける現代の寿司とは異なり、魚貝や獣肉を米飯にまぜて乳酸発酵させた保存性の高いなれ鮨であるところに特徴がある。なれ鮨の米飯は食べる対象ではなく発酵の媒体であり、発酵を経てペースト状となる。食べる時は除去して魚のみを食するのである。なれ鮨は現代でも滋賀県の琵琶湖のフナ鮨が有名であり、他にも各地のアユやサバなどの事例が知られている。その基本的な製法は、対象となる魚種や地域、作り手によってもかなり異なるが、内臓やウロコをきれいに除去した魚を塩蔵し、塩抜きの後に魚同士が接触しないように炊いた米飯と魚を交互に漬け、中蓋をはめて重石をのせ、水を張って空気を遮断し、数ヶ月から一年以上かけて乳酸発酵をさせる、といった工程はだいたい一致している。麹や香辛料を投入する事例もあるが、とりあえず古代はシンプルな製法を想定してよいであろう。

しかし、現代のなれ鮨製造で確認される塩蔵期間や米飯による発酵期間などは、必ずしも古代に遡るものではない。最も伝統的な製法とされる滋賀県のフナ鮨などは、数ヶ月の塩蔵の後、場合によっては一年以上も漬け込まれるが、長期に及ぶ塩蔵や発酵期間は近世以降の工程ともいわれている。▲さらに、現代では、淡水産品であれ海産品であれ、貝類のなれ鮨はまったく製造されていない。鮨鰒の復元実験に直接参考となる事例は見当たらず、古代の加工法を正確に把握することは困難といわざるをえないのである。

とはいえ、古代の加工法ではなくとも、まずはアワビのなれ鮨自体を製造することができれば、得られるものも多い。例えば、税物の生産という視点を重視すれば、一人あたりの貢納量に要するアワビ・米・塩などの分量や、税物の貢納期などを基準とした鮨鰒の製造時期・発酵期間などを検討する手がかりとなり、十分に有益な情報となる。さらに、乳酸発酵によるアワビの成分変化や食品としての特性を成分分析で数値的に把握することも可能となる。もちろん、アワビのなれ鮨加工そのものに成功することが前提ではあるが、試してみる価値は十分にあろう。以上の判断により、二〇二〇年、筆者は現在のなれ鮨の製法にもとづいた復元実験に取り組んでいる。

2　鮨鰒復元実験の目的

鮨鰒の復元実験は、アワビ・米・塩の分量比やなれ鮨加工による重量・性質の具体的な変化の把握を目的として行っている。その理由は二つある。一つは、主計式上2諸国調条に記載される調の鮨鰒四六斤という一人あたりの貢納量を理解することである。鮨鰒の貢納量は、先にみた調の長鰒一人あたりの貢納量六斤と比べると、あまりにも開きがある。税物が均等な負担であることを前提と考えた場合、両品目の貢納量の差はどう考えても理解し難い。その要因としては、両者が乾燥と発酵という異なった加工法で製造されたことが予想される。長鰒の場合、乾燥加工により約二六・七パーセントまで減少するので、貢納量が少なくなるものと思われる。しかし乾燥前の重量を減少率から換算しても約二二斤半であり、鮨鰒との差はまだ大きい。問題解決の糸口としては、比較のために加工前の鮨鰒と長鰒の各材料が価値的に同等となる状況を把握することが必要である。そのためにも、鮨鰒製造に必要なアワビ・米・塩の各数量を確認し、加工による重量変化を把握することは何よりも重要となる。たとえ製造の工程が古代とは異なったとしても、なれ鮨として成功した場合の重量の把握や材料の分量比は重要なデータとなろう。

もう一つは、『延喜式』に記載されたなれ鮨の材料に関する分量についての疑問である。内膳式38造雑魚鮨《ぞうざつぎょすし》条には、河内国江厨《えのくりや》で製造される「雑魚鮨《くさぐさのうおのすし》十石、味塩魚《うまじおのうお》六斗」の料として「商布《しょうふ》十六段、信濃《しなの》麻《あさ》百斤、白米一石、塩一石三斗」とみえ、同式39造醤鮒《ぞうひしおふな》条には近江国筑摩厨《ちくまのくりや》が製造する「醤鮒《ひしおのふな》・鮨鮒《すしふな》各十石、味塩鮒三石四斗」の料として、「缶《もたい》卅［三〇］口《く》、商布十八段、信濃麻一百斤、酒五斗、米一石、塩八石、醬大豆《ひしおのまめ》二石五斗」などとみえる。他の製品が混在するが、米を使用する製品はなれ鮨だけなので、両条ともなれ鮨一〇石に対して米一石が対応することは確かである。この条文からは、なれ鮨に用いる米が白米であることを知ることができるが、問題は、材料の米がなれ鮨の一〇分の一の容量ということである。後述するように、現代のフナ鮨製造の事例から換算した材料比率は、重量比ではあるが材料魚と米飯・塩とで一対一・六八程度であり、フナの腹に十分な米飯を詰めてまわりを隙間なく米飯で埋めるように漬け込まれる。内膳式の材料記載は容積を単位としていることや炊いた米飯ではないといった違いはあるが、それにしても製品の一〇分の一という米の容量はどうみても少ない。理解が難しい記述であるが、『延喜式』はすべての材料を記すわけではないことが関係しているのかもしれない。

　いずれにせよ、一〇対一といった鮨鰒と米の容積比を検討するにしても、なれ鮨のフナの体積といったデータは確認しておらず、製造例のない鮨鰒に関しては検証の手立てがない。本書では、まずは現代のなれ鮨の製法を参考にして鮨鰒の製造を試み、現在までに得られたデータを参考にして、一番目にあげた『延喜式』の鮨鰒四六斤の謎を中心に読み解いていきたい。

3　製造時期と期間

復元実験にあたっては、鮨鰒の製造は、塩蔵と米飯発酵の期間と時期を設定しなければならない。現代の製法ではかなり長めとなるが、『延喜式』には短期間による製造が窺える記事もみえる。大嘗祭式18由加物条には、神饌の贄とする阿波国の鮨鰒に関して、九月上旬に卜部《うらべ》が発遣され、阿波の潜女《かずきめ》（海女《あま》）がアワビを採取して製造する。同式31卯日《うじつ》条では十一月中旬頃（二回目の寅の日）までに準備を終える規定となっている。潜女に支給する食料は七日分とあり、使者の派遣やアワビの採取にかかる時間を考慮すると、塩蔵開始は九月中旬頃であり、最終的に大嘗宮《だいじょうきゅう》に搬入されるまでは二ヶ月弱であろう。なお、現在の暦法では十月中旬～十二月中旬頃の秋冬の製造ということになる。

ただし大嘗祭は即位儀式としての特殊性を考慮せねばならない。大嘗祭は当年産の収穫物を食する新嘗祭《にいなめさい》を原型とすることから、通常の製法と断定することは躊躇される。例えば大嘗祭のために製造される黒酒《くろき》・白酒《しろき》という二種の酒は、当年収穫の米を使用して十一月上旬に醸造するが（『儀式』三）、醸造期間は一〇日程度となる。▲鮨鰒も黒白二酒も短期間で一応は製造可能ということはわかるが、

黒酒・白酒……　伊藤循「大嘗祭の酒と村落祭祀」（吉村武彦編『日本古代の国家と王権・社会』、塙書房、二〇一四年）。

阿波国の……　調庸物の納入期限は賦役令3調庸物条に都からの遠・中・近の距離で決められている。阿波国は中国なので十一月三十日までとなる。

大嘗祭の鮨鰒は黒白二酒と同様、あえて当年の米を使用するための九月製造開始という事情があるのかもしれない。また、大嘗祭の鮨鰒は祭祀で消費することが予定されており、年間消費を前提とした調・中男作物とは保存の必要性も大きく異なる。大嘗祭の鮨鰒は保存性を考慮しなくてもよかった可能性もある。こうした状況に鑑みると、調・中男作物の鮨鰒は現代の製法を前提とした長めの製造期間を想定すべきかもしれない。ちなみに十一月中旬の貢進については、阿波国の調の貢納期限が十一月三十日なので、▲大嘗祭の鮨鰒とだいたい同じとみてよい。

以上の検討の結果、現代の製法を参考にした長めの製造期間による復元実験と、秋冬を前提とした短期間発酵による実験の二回を試みるべきかと思われる。しかしながら、復元実験は二〇二〇年より開始しているので、秋冬の短期発酵実験については残念ながら本書執筆段階において、まだ結果が出ていない。ここでは長期設定の復元実験のみを参考として検討を進めていく。

長期発酵実験としては、塩蔵期間と発酵期間をどのように決めるのかが問題となる。塩蔵期間はフナ鮨のように三ヶ月以上のものもあるが、サバ、コノシロ、アジなどの海水産品は一ヶ月程度のものも多いので、実験でも一ヶ月とした。米飯への漬け込み期間は三ヶ月以上あれば十分とも考えられるが、年間の消費に対応する調の鮨鰒の保存性を確かめるために、なるべく長い発酵期間を設けることにした。アワビは旧暦正月にあたる二月の一ヶ月間塩蔵し、三月から九月上旬までの七ヶ月ほど米飯に漬け込んでいる。なお、漬け込む米飯は蒸して飯にする強《こわ》飯《いい》ではなく、現代の製法にあわせて普通の炊飯としている。

4　長期発酵実験

検体のアワビは、古代の鮨鰒貢納国である阿波国にあわせて徳島県の天然メガイアワビを使用した。アワビ・米・塩の分量については、文献が多いフナ鮨の事例を参考とし、明確に材料比が記述された藤岡康弘氏の製法▲に依拠した。それによると、各材料は塩切りフナ一五キログラム、冷めた米飯七升（現在の尺貫法）、塩七〇〇グラムとある。塩切りフナとは塩蔵したフナのことである。藤岡氏の紹介例ではフナは最初から塩蔵品が用意されているので、塩蔵用の塩の分量は明らかではない。この点については、フナの重さの半分とする文献▲に従った（写真13）。塩蔵後は塩を洗い流して二時間ほど塩抜きをした後、米飯に漬け込んだ。塩抜き後の塩蔵アワビの塩分濃度は、ナトリウムから換算した食塩相当量でみると、九・二五パーセントであった。

藤岡康弘氏の製法　藤岡康弘「現代に伝わる「ふなずし」の多様性」（橋本道範編『再考 ふなずしの歴史』、サンライズ出版、二〇一六年）。

フナの重さの半分とする文献　小島朝子「馴れずし――滋賀県の馴れずしを中心に」（『日本調理科学会誌』三二巻三号、一九九九年）。ただし塩蔵期間は約四ヶ月の事例である。

写真13　塩蔵作業　写真は実験時のもの

最終的には…… 実験時に米飯一合を計量したところ、三三〇グラムとなった。この場合は藤岡氏の事例では比率一・五九程度となり、鮨鰒との差はさらに広がる。鮨鰒とフナ鮨では米飯量が異なるのであろう。

No.	活アワビ g	むき身 ＊1 g	塩（塩蔵用） g	塩蔵アワビ（塩抜き後） g	活アワビとの重量比率 %	米飯・塩 ＊2 g	小計 g	発酵後アワビ g	活アワビとの重量比率 %	発酵後米飯・塩 g	小計 g
1	324.4	116.8	59.9	79.9	68.4			42.9	36.7		
2	347.2	120.6	60.1	85.3	70.7			46	38.1		
3	352.3	122.2	59.5	92.9	76.0	846.8	1307.3	49.5	40.5	320.2	686.5
4	342.7	136.2	65.2	93.7	68.8			55.7	40.9		
5	416.4	172.8	82.4	108.7	62.9			65.6	38.0		
計	1783	668.6	327.1	460.5	68.9	846.8	1307.3	259.7	38.8	320.2	686.5

※小数点第2位以下四捨五入
＊1 殻・腸・クチ除去　＊2 塩は約2.1%（17.6g）

表4　鮨鰒（アワビのなれ鮨）長期発酵実験記録

米飯の重量は、水分量にもよるが一般に一合＝三五〇グラムとされるので、藤岡氏の事例では七升で二四・五キログラムとなる。これに塩七〇〇グラムを足すと材料比は塩切りフナ一に対して米飯・塩が一・六八という比率となる。塩七〇〇グラムは塩分濃度約二・八パーセントと換算されるが、まったく塩を足さないところもあるとのことであった。実験では、少し少なめの約二・一パーセントとしている。

塩蔵アワビを漬け込む米飯・塩の比率は藤岡氏の例と同じにするつもりであったが、途中で米飯が足りなくなり、最終的にはアワビ一に対して一・八四程度となった。▲なお、漬けるための容器は、現在のフナ鮨では結桶《ゆいおけ》を使用しているが、古代には結物《ゆいもの》の桶は存在しない。とはいえ、曲げ物では材料の二倍の重石と空気を断つために注入した水の重さに対する強度に不安がある。『延喜式』や木簡では、なれ鮨の貢納単位を「坩《かく》」「壺」「缶《もたい》」などの土器で表示するものが多いので、復元実験も口の広い漬け物用の壺を使用した。

漬け込み方は、底に米飯を敷いて塩蔵アワビが重ならないように置き、その上に米飯を敷く、という順番を繰り返し、最後は米飯を

写真14　米飯漬け込み作業　この後、厚めに米飯を被せる（写真は短期発酵実験のもの）

写真15　発酵風景　竹皮・三つ編み・落とし蓋の順で載せて、重石を置き、水を注ぐ（写真は短期発酵実験のもの）

厚めに被せなければいけない（写真14）。米飯の上にはビニール片を敷き、さらに藁を三つ編みにして壺の内面沿いに円形に置いて、落とし蓋と重石を載せている（写真15）。ビニール片は、本来なら真竹の竹皮を使用するところであるが、長期発酵実験時には入手できなかったので代用したものである。三つ編みは重石の圧力が均等にかかるためである。すべてが終了するとしばらく放置して米飯を圧縮し、水を張って空気を遮断した。

しかし、その後、新型コロナウイルスによる緊急事態宣言によって在宅勤務が続き、四〜五月の二ヶ月間、放置を余儀なくされるハプニングが生じた。このため、水が蒸発して表面には青カビが発生した上、米飯には小バエの蛆が発生してしまった。幸いカビも蛆も表面の一部のみだったので、きれいに除去した上で実験を継続した。

なお、害虫対策として、二〇二〇年十月中旬から行っている短期発酵実験では、壺の上から麻布を被せて口縁部を紐で縛ってみた結果、害虫はまったく発生していない。この実験では、米飯漬け込みの際に壺の内面に麻布を敷き、漬け込み後は布で全体を覆っている。こうすることによって、害虫対策とともに、作業中に壺を運搬した際、ペースト状になった米飯が注水した水に溶け出すことを防ぐ効果も期待されよう。また、壺に被せた

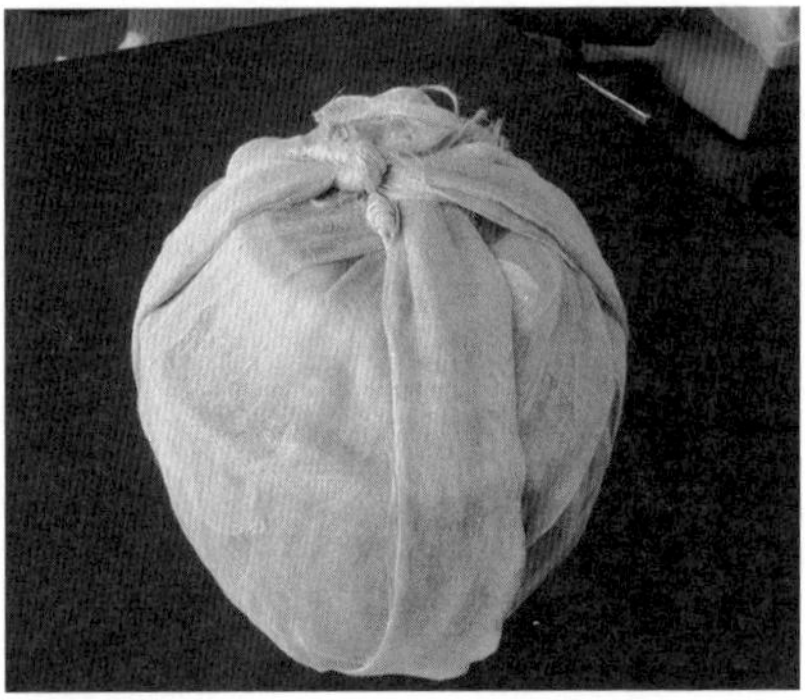
写真16　梱包形状　全体を麻布で覆い、紐で緊縛した

布の上からさらに紐で緊縛することで、税物運搬時に重石が動いたり、揺れで水がこぼれる事態を防ぐことができると思われる。税物運搬時の梱包形状の一案として提示しておきたい（写真16）。

九月に入って発酵を停止し、この段階でpH（ペーハー）と一般生菌数および乳酸菌数を析出した。結果は表5のとおりである。アワビ部分のpHは三・六、一般生菌数6.6×10^4/g、乳酸菌数は8.1×10^6/gであった。▲一般生菌数は通常の食品の範囲内であり、▲乳酸菌数はその一〇〇倍を優に超えている。pH値の低さや生・塩蔵段階で検出されなかった乳酸の生成（検体一〇〇グラム中一・〇一グラム）も確認されており、乳酸発酵を試みた鮨鰒の復元実験は一応の成功とみてよいであろう。各成分は重量の減少にともなう濃縮以上に増加しており、発酵によるアミノ酸の分解や有機酸の生成が窺えた。

5　鮨鰒四六斤の意味

鮨鰒の材料比については、塩蔵と発酵によるアワビの重量の減少が注目される。塩蔵では浸透圧で水分が排出されるので、塩蔵後は塩蔵前の約六八・九パーセント弱の重量に減少した。意外だったのは発酵によって大幅に重量が減少したこと

アワビ部分の……　米飯部分はpH三・七、一般生菌数4.8×10^5/g、乳酸菌数1.1×10^8/g、乳酸は0.98g/100g。

一般生菌数は……　池晶子「微生物から知る食の安全性」（『生物工学会誌』八九巻五号、二〇一一年）。

分析試験項目	結果		方法・備考
	①生アワビ	②なれ鮨	
栄養成分			
水分	84.3g	69.5g	①は常圧加熱乾燥法、②は減圧加熱乾燥法
たんぱく質	11.5g	18.9g	①は燃焼法、②はケルダール法　注1
脂質	0.3g	1.2g	ソックスレー抽出法
灰分	2.3g	2.2g	直接灰化法
炭水化物	1.6g	8.2g	（計算）　注2
エネルギー	55kcal	119kcal	（計算）　注3
遊離アミノ酸			アミノ酸自動分析法
アルギニン	346mg	7mg	
リジン	9mg	103mg	
ヒスチジン	4mg	22mg	
フェニルアラニン	7mg	57mg	
チロシン	4mg	49mg	
ロイシン	8mg	124mg	
イソロイシン	5mg	50mg	
メチオニン	4mg	31mg	
バリン	8mg	64mg	
アラニン	20mg	70mg	
グリシン	4mg	32mg	
プロリン	4mg	35mg	
グルタミン酸	25mg	113mg	
セリン	8mg	47mg	
スレオニン	5mg	39mg	
アスパラギン酸	12mg	79mg	
シスチン	検出せず	検出せず	①定量下限1mg/100g、②5mg/100g
トリプトファン	2mg	14mg	高速液体クロマトグラフィー
核酸			高速液体クロマトグラフィー
イノシン酸（5'-イノシン酸）	検出せず	検出せず	定量下限10mg/100g　②5%過塩素酸で抽出後測定
グアニル酸（5'-グアニル酸）	検出せず	検出せず	定量下限10mg/100g　②5%過塩素酸で抽出後測定
有機酸			高速液体クロマトグラフィー
クエン酸	検出せず	検出せず	定量下限10mg/100g
酒石酸	検出せず	検出せず	定量下限10mg/100g
リンゴ酸	検出せず	検出せず	定量下限10mg/100g
コハク酸	検出せず	0.03g	①定量下限10mg/100g
乳酸	検出せず	1.01g	①定量下限10mg/100g
酢酸	検出せず	1.66g	①定量下限10mg/100g
プロピオン酸	—	検出せず	①未検査、②定量下限10mg/100g
酪酸	—	0.05g	①未検査
その他			
ナトリウム	654ｍｇ	702mg	原子吸光光度法　計算式：ナトリウム×2.54　注4
pH	—	3.6	①未検査、②ガラス電極法
一般細菌数（生菌数）	—	6.6×10^4/g	①未検査、②標準寒天平板培養法
乳酸菌数	—	8.1×10^6/g	①未検査、②MRS寒天平板嫌気培養法

※②なれ鮨はアワビ部分のみ

※「結果」は、検体100gあたり

※定量下限未満は'検出せず'とし、定量下限値を注に記載した

注1　窒素・たんぱく質換算係数：6.25

注2　食品表示基準（平成27年内閣府令第10号）による計算式：100－(水分＋たんぱく質＋脂質＋灰分)

注3　食品表示基準（平成27年内閣府令第10号）によるエネルギー換算係数：たんぱく質4；脂質9；炭水化物4

注4　食塩相当量①1.66g/100g　②1.78g/100g

表5　鮨鰒（アワビのなれ鮨）成分分析、一般生菌数・乳酸菌数

である。平均で塩蔵前の約三八・八パーセントとなった。

目的の一つである長鰒と貢納量との比較については、長鰒の乾燥加工による減少率が約二六・七パーセントであり、鮨鰒の加工による減少率とは大きく異なるので、双方の加工前の量を比較対象とする。長鰒の場合、貢納量六斤（約四〇四四グラム）の加工前の重量は、減少率から約一五一四六グラム（約二二斤半）と換算される。鮨鰒四六斤（約三一〇〇四グラム）は発酵後のアワビ部分との重量比率から換算すると平均約七九九〇七グラム（約一一八斤九両）となる。五倍以上の差であり、これではとても均等な税負担とはならない。しかし、そもそも鮨鰒の貢納量四六斤は、果たして製造後のアワビのみを計量した数値なのであろうか。

なれ鮨のアワビは、空気を遮断していた水を捨て、重石をとって米飯から取り出してしまうと長期保存ができなくなる。つまり諸国で製造された後も、都にて実際に消費する直前までは、米飯、水張り、重石は同じ状態を保たねばならない。その状態での長距離の運搬は非常に重くてたいへんである上に不安定でもある。効率だけを考えるならば、塩蔵段階のアワビのみを運搬し、都でなれ鮨にした方がはるかに楽なはずである。また、御贄の品であれば貢納後は比較的早く消費するので、重石や水は捨ててアワビのみを運搬した可能性もあろう。ただ、調や中男作物のように年間消費を前提とする税目の品ではそうもいくまい。どのように

写真17　アワビのなれ鮨（右）と発酵した米飯（左）

運んだのかは後ほど考察するとして、貢納の状態が塩蔵アワビを米飯に漬け込んだままと考えられることは注目される。アワビと米飯・塩とが分離されずに納入されたのであれば、貢納量四六斤とはこれらすべての材料を指しているのではないだろうか（写真17）。

ただ、米飯に漬け込んだ状態の鮨鰒は、重石や水と一緒になっているのでアワビだけを計量することができない。アワビ・米飯・塩の各分量を確実に計量できるのは、塩蔵アワビを米飯・塩に漬け込む段階であり、各材料の分量を規定の比率に整える時であろう。そこで、四六斤（約三一〇〇四グラム）を実験時の一対一・八四の比率で塩蔵アワビと米飯・塩に換算してみると、塩蔵アワビが約一六斤三両（約一〇九一七グラム）、米飯・塩が約二九斤八両（約二〇〇八七グラム）となる。塩蔵アワビは塩蔵前の約六八・九パーセントとなるので、塩蔵前の量に換算すると約二三斤八両（約一五八四五グラム）である。この数字は長鰒の乾燥前の約二二斤半（約一五一四六グラム）とかなり近い数字であることが注目されよう。仮に塩蔵アワビと米飯・塩の比率をわかりやすく一対二として換算すると、塩蔵アワビは約一五斤五両（約一〇三三五グラム）、塩蔵前だと約二二斤四両（約一五〇〇〇グラム）というように、長鰒とほぼ等しい値がはじき出される。この一致は偶然とは言い切れまい。現代のなれ鮨でも、フナ以外の淡水魚の事例ではあるが、米飯は炊き上がりの重量で魚量の等倍から二倍量を使うという報告もある。▲塩蔵アワビと米飯も一対二というわかりやすい数字で大まかに把握されていた可能性は高い。

以上の考えが正しければ、鮨鰒一人あたり四六斤の貢納量とは、漬け込み段階の塩蔵アワビと米飯・塩の総量ということになる。使用するアワビの分量だけを考えれば、長鰒六斤分の加工前のアワビと同量が用いられたことになる。長鰒の六斤という数量は乾燥アワビの品目としては平均的なものであり、賦役令《ぶやくりょう》1調絹《ちょうけん》絁《あしぎぬ》条で乾燥品を指すと思われる調のアワビも六斤となっている。▲つまり、調のアワビ一人分の貢納量は、乾燥品も発酵品も材料のアワビは同量で設定されていたのである。各品目の貢納量はあくまでも加工を施した後の数値に過ぎない。

なお、長鰒の実験で確認した歩留まり約七・五パーセントから計算すると、六斤（約四〇四四グラム）のアワビは、殻・腸・クチなどを除去する前の活アワビの重量では約八〇斤（約五三九二〇グラム）となる。この数量が、長鰒などの乾燥加工品や鮨鰒といった税物一人分の材料となるアワビの漁獲量だったということになる。

この場合、税負担の均等性という視点からみれば、均等となるのは使用するア

米飯は……　堀越昌子「淡水魚のナレズシ文化」（『日本醸造協会誌』一〇七巻六号、二〇一二年）など。アユの事例では二倍以上の事例も知られている。

調のアワビも六斤　賦役令は大斤の表示なので、三分の一となる小斤制の表示する『延喜式』の三倍の一八斤となっている。

ワビの分量だけということになる。鮨鰒製造に不可欠な塩蔵用の塩や漬け込み用の米飯・塩は、税の均等性を考慮する対象とはされていないのである。その理由は明確には説明し難いが、調の生産は「合わせ成す」（賦役令2調《ちょう》皆《かい》随《ずい》近《きん》条）という集団労働が前提であったことと関係するものと推察される。また、集団が負担する複数の税物の組み合わせの中でおおむねの均等性がとれていればいい、ということもあったのであろう。すべての生産工程を納税者一人で行っていれば負担税物ごとに不公平が生じるが、複数の品目を集団で生産し、しかも個々人が作業工程の一部のみに専従していたような状況であれば、具体的な不公平感はそれほど生まれない。ただしその場合、個々人の作業量を規定の税物貢納量に換算する必要があり、主要材料であるアワビの一定加工量を一人分の生産単位として把握し、個々人の収めた税物に置き換えて帳簿や木簡に記載していったのであろう。あるいは帳簿上の記載は実際に携わっていた品目とは無関係の場合があったのかもしれない。いずれにせよ、鮨鰒の米飯や塩といった品々は個々人が実際に負担したものではなく、生産を「合わせ成す」範囲の人々に平均化された負担となっていたことになる。

　少々わかりにくい説明になってしまったが、各種加工アワビの税物生産の管理は一定のアワビ量を基準にして行っていたということである。ちなみに賦役令1

調絹絁条の鮨鰒は二斗という容積が単位であり、『延喜式』の重量単位とは異なっている。とはいえ、同じなれ鮨である貽貝鮨《いがい》は、賦役令でも『延喜式』でも三斗と同量なので、『延喜式』の鮨鰒四六斤は令制段階の二斗と同量を重量で表示したものであろう。何故アワビが令制の容積から重量単位となったのかは不明であるが、アワビの税物は他の魚貝とは異なって乾燥品などのヴァリエーションが多いので、諸地域で税の対象品目を変更する際の生産管理上、他の乾燥加工品との比較のために重量に換算する必要があったのかもしれない。

最後に、内膳式にみえる御厨《みくりや》が生産するなれ鮨の材料比について言及しておきたい。既述のとおり、内膳式38造雑魚鮨条・39造醤鮒条には、雑魚鮨と鮨鮒の各一〇石に対応する料としてそれぞれ白米一石がみえ、容積の比率で一〇対一である。容積のデータがないので検証はできないが、鮨鰒の長期発酵実験では発酵後段階の重量で米飯が漬け込み前の約三七・八パーセントの残存率となっている。この数値は小バエの蛆を除去した際に米飯の一部を削って廃棄した事情もあり、本来の残存率はもう少し高いと予想される。この発酵後の米飯を捨てずに保存して、次回の漬け込みにも使用すれば、追加する米飯は少なくすむのではないだろうか。既に乳酸発酵しているので、発酵の種菌として活用されたことも予想される。ただ、それでも新たに米飯の六〇パーセント程度は追加せねばならず、内膳式にみえる鮨鮒一〇石に対する米一石の追加ではまったく十分ではない。あるいは内膳式の米一石は内膳司からの支給分を記載するだけであり、不足分は御厨側で別途用意するといった事情があるのかもしれないが、この点は後考を俟ちたい。

あとがき

本書では、古代史研究の基本史料である『延喜式』の読解を通して、古代国家によるアワビの生産と管理の特質を考察してきた。一・二章は、主に文献史学の手法によりながら、ある意味、古代官人として各官司の具体的管理業務を遂行するつもりとなって、業務に応じた食材リストの使い勝手を考慮した『延喜式』の式条理解を試みたものである。三・四章では、アワビの食材としての性質を把握することで、一見すると品名と数量がひたすら列記されている『延喜式』について、その数字の意味そのものを読み解いたものである。結論は繰り返さないが、特に三・四章で紹介した復元実験という手法により、ほんの少しではあるが、税物としての長鰒や鮨鰒の数量の意味を明らかにすることができたものと思う。

復元実験は従来の文献史学とはかなり隔たったアプローチであり、水産研究や食品学、分析科学、民俗学といった多分野の視点からの分析視角が必要となる。既存の文献からさらなる情報を引き出すためには、当然ながら多分野にわたる研究者や専門家との協働体制が不可欠であり、本書で紹介した調査・研究も、そうした研究体制の上に成り立ったものであることを強調しておきたい。

なお、本書は、人間文化研究機構による広領域連携型基幹研究プロジェクトとして国立国文学研究所が主催する「異分野融合による「総合書物学」の構築」のうち、国立歴史民俗博物館が取り組んでいる「古代の百科全書『延喜式』の多分野協働研究」の成果の一部である。また、二〇一六～二〇一九年度実施の科学研究費助成事業による基盤研究（B）「史料学的検討を重視した『延喜式』の基礎的研究」（代表・小倉慈司）、同じく二〇一七～二〇一九年度実施の科学研究費助成事業による基盤研究（C）「古代日本の食材加工にみる律令国家税制の実態的研究」（代表・清武雄二）の成果も反映している。

主要参考資料・文献

［**文献史料**］

土御門本『延喜式』（国立歴史民俗博物館所蔵）

［**木簡資料**］（本文引用順。長岡宮東辺官衙跡出土文書木簡を除きいずれも奈良文化財研究所所蔵）

志摩国耽羅鰒貢納木簡…平城宮内裏北方官衙地区土坑（SK820）出土木簡（奈良国立文化財研究所『平城宮木簡』一、三四四号、一九六六年）

安房国凡鰒貢納木簡…平城宮内裏東方東大溝地区（SD2700）出土木簡（『平城宮発掘調査出土木簡概報』一九、二二頁上段、一九八七年）

上総国凡鰒貢納木簡…平城宮東院地区（SD3236B）出土（『平城宮発掘調査出土木簡概報』一二、一三頁上段、一九七八年）

東鰒条数記載木簡…平城京左京三条二坊八坪東二坊坊間路西側溝（SD4699）出土木簡（『平城宮発掘調査出土木簡概報』二三、一七頁下段、一九九〇年）

東鰒記載木簡…平城宮式部省東方・東面大垣東一坊大路西側溝（SD4951）出土木簡（『平城宮発掘調査出土木簡概報』三四、一四頁下段、一九九八年）

隠伎鰒記載木簡…平城京左京二条二坊五坪二条大路濠状遺構（SD5300）出土木簡（『平城宮発掘調査出土木簡概報』二九、四三頁上段、一九九四年）

阿波国阿曇部氏記載木簡…平城京左京三条二坊八坪二条大路濠状遺構（SD5100）出土木簡（『平城宮発掘調査出土木簡概報』二一、三九頁上段、一九九〇年）

阿波国生鰒記載木簡…平城京右京三条一坊三・四坪朱雀大路西側溝（SD2600）出土木簡（『平城宮発掘調査出土木簡概報』三四、三二頁下段、一九九八年）

長岡宮東辺官衙跡出土文書木簡…SD32901出土（『木簡研究』二一号、一九九八年所載。向日市埋蔵文化財センター所蔵）

長門国鰒耳漬貢納木簡…平城京左京三条二坊八坪二条大路濠状遺構（SD5100）出土木簡（『木簡研究』一二号、一九九〇年所載）

長鰒・宍人娘記載木簡…藤原宮跡SD105出土木簡（和田萃「一九七七年以前出土の木簡（五）奈良・藤原宮跡」『木簡研究』五号、一九八三年所載）

七尺長鰒貢納木簡…平城宮内裏北方官衙地区土坑（SK820）出土木簡（奈良国立文化財研究所編『平城宮木簡』一、四六一号、一九六六年）

[文献]（五十音順。本書の性格上、本文中に逐一注記していないことをお断りする）

相澤央「北の辺境・佐渡国の特質」（『越後と佐渡の古代社会——出土文字資料の読解』、高志書院、二〇一六年所収、初出二〇〇五年）

荒井秀規作成「表一二　『延喜式』の度量衡」（『訳注日本史料　延喜式』上、集英社、二〇〇〇年）

池晶子「微生物から知る食の安全性」（『生物工学会誌』八九巻五号、二〇一一年）

石井進「天永二年の伊勢神宮領注進状」（『日本歴史』三五〇号、一九七七年）

伊藤循「大嘗祭の酒と村落祭祀」（吉村武彦編『日本古代の国家と王権・社会』、塙書房、二〇一四年）

大浦一晃「平安時代初期における衛府制度と儀式整備政策」（『歴史研究（愛知教育大学）』六一・六二号、二〇一六年）

大隅亜希子「律令制下における権衡普及の実態——海産物の貢納単位を中心として」（『史論』四九集、一九九六年）

大場俊雄『あわび文化と日本人』（成山堂書店、二〇〇〇年）

大日方克己『古代国家と年中行事』（吉川弘文館、一九九三年）

狩野久「膳臣と阿曇連の勢力圏——古代における鰒の収取について」（『発掘文字が語る　古代王権と列島社会』、吉川弘文館、二〇一〇年所収、初出一九九五年）

川尻秋生「古代安房国の特質——安房大神と膳神」（『古代東国史の基礎的研究』、塙書房、二〇〇三年所収、初出一九九五年）

菊地照夫「ヤマト王権の宗教的世界観と出雲」（『古代王権の宗教的世界観と出雲』、同成社、二〇一六年所収、初出一九九八年）

清武雄二「古代における長鰒（熨斗鰒）製造法の研究——加工実験・成分分析による実態的考察」（『国立歴史民俗博物館研究報告』二〇九集、二〇一八年）

清武雄二「古代の税物生産における長鰒——品種・製造法・保存期間の検証実験」（『国立歴史民俗博物館研究報告』二一八集、二〇一九年）

国崎漁業組合編『国崎神戸誌』（国崎漁業組合、一九二九年）

櫛木謙周「律令制収取の特質とその歴史的前提——諸国の産物からの考察」（『京都府立大学学術報告　人文』六八号、二〇一六年）

皇学館大学古文書研究会「国崎神戸文書」（『皇学館論叢』五巻三号、一九七二年）

小島朝子「馴れずし——滋賀県の馴れずしを中心に」（『日本調理科学会誌』三二巻三号、一九九九年）

小山修三「古代アワビ産業の発達」（『国史学』八一号、一九七〇年）

櫻井信也「日本古代の鮨（鮓）」（『続日本紀研究』三三九号、二〇〇二年）
佐々木虔一「古代王権と貢納　上総・安房地方のアワビと真珠」（『古代東国社会と交通』、校倉書房、一九九五年所収、初出一九九四年）
篠田統『すしの本』（岩波現代文庫、二〇〇二年、初刊一九六六年）
鈴木正貴「出土遺物からみた結物」（小泉和子編『桶と樽　脇役の日本史』、法政大学出版局、二〇〇〇年）
関根真隆『奈良朝食生活の研究』（吉川弘文館、一九六九年）
高山直子「あわびの歴史――熨斗鰒の問題を中心に」（『風俗』四巻三号、一九六四年）
虎尾俊哉『延喜式』（吉川弘文館、一九六四年、新装版一九九五年刊行）
虎尾俊哉編『訳注日本史料　延喜式』上・中・下（集英社、二〇〇〇年・二〇〇七年・二〇一七年）
西宮秀紀「『延喜式』に見える祭料の特徴と調達方法」（『律令国家と神祇祭祀制度の研究』、塙書房、二〇〇四年所収、初出二〇〇二年）
西宮秀紀「古代尾張国と参河国――文献史料と木簡にみえる物品・特産物からみた特色」（『歴史研究』六三号、二〇一七年）
農商務省水産局編『日本水産製品誌』（水産社、一九三五年）
野村幸司、横井健二、田子泰彦「米麹を使用して製造したあゆなれずしの熟成中の生菌数、pH、有機酸および遊離アミノ酸の変化」（『日本食品科学工学会誌』六二巻九号、二〇一五年）
橋本万平『計測の文化史』（朝日新聞社、一九八二年）
馬場基「荷札と荷物のかたるもの」（『日本古代木簡論』、吉川弘文館、二〇一八年所収、初出二〇〇八年）
早川庄八「律令財政の構造とその変質」（『日本古代の財政制度』、名著刊行会、二〇〇〇年所収、初出一九六五年）
日比野光敏「すしの歴史に関する研究」（『だれも語らなかったすしの世界』、旭屋出版、二〇一六年）
藤岡康弘「現代に伝わる「ふなずし」の多様性」（橋本道範編『再考　ふなずしの歴史』、サンライズ出版、二〇一六年）
堀越昌子「淡水魚のナレズシ文化」（『日本醸造協会誌』一〇七巻六号、二〇一二年）
松嶋順正『正倉院よもやま話』（学生社、一九八九年）
水谷令子・久保さつき・松本亜希子・成田美代「あゆずしの熟成中の成分変化」（『日本調理科学会誌』三一巻三号、一九九八年）

宮原武夫「東鰒と隠岐鰒」(『古代東国の調庸と農民』、岩田書院、二〇一四年所収、初出二〇〇〇年)
村井章介「王土王民思想と九世紀の転換」(『日本中世境界史論』、岩波書店、二〇一三年、初出一九九五年)
矢野憲一『鮑』(ものと人間の文化史六二、法政大学出版局、一九八九年)
和田萃「一九七七年以前出土の木簡(五) 奈良・藤原宮跡」(『木簡研究』五号、一九八三年)

掲載図版一覧

清武雄二（きよたけゆうじ）
1965年、福岡県生まれ。國學院大學大学院文学研究科博士課程単位取得満期退学。現在、国立歴史民俗博物館特任助教。専攻、日本古代史。主要論文に、「藤原部の研究」（『史学研究集録』22号、1997年）、「律令法上の園地規定と班田制」（『國學院雑誌』114巻5号、2013年）、「古代における長鰒（熨斗鰒）製造法の研究――加工実験・成分分析による実態的考察」（『国立歴史民俗博物館研究報告』209集、2018年）などがある。

ブックレット〈書物をひらく〉24
アワビと古代国家
――『延喜式』にみる食材の生産と管理

2021年3月15日　初版第1刷発行

著者　清武雄二
発行者　下中美都
発行所　株式会社平凡社
〒101-0051　東京都千代田区神田神保町3-29
電話　03-3230-6580（編集）
03-3230-6573（営業）
振替　00180-0-29639
装丁　中山銀士
DTP　中山デザイン事務所（金子暁仁）
印刷　株式会社東京印書館
製本　大口製本印刷株式会社

ISBN978-4-582-36464-4
NDC分類番号666.7　A5判（21.0cm）　総ページ104

平凡社ホームページ　https://www.heibonsha.co.jp/

発刊の辞

書物は、開かれるのを待っている。書物とは過去知の宝蔵である。古い書物は、現代に生きる読者が、その宝蔵を押し開いて、あらためてその宝を発見し、取り出し、活用するのを待っている。過去の知であるだけではなく、いまを生きるものの知恵として開かれることを待っているのである。

そのための手引きをひろく読者に届けたい。手引きをしてくれるのは、古い書物を研究する人々である。

これまで、近代以前の書物――古典籍を研究に活用してきたのは、文学・歴史学など、人文系の限られた分野にほぼ限定されていた。くずし字で書かれた古典籍を読める人材や、古典籍を求め、扱う上で必要な情報が、人文系に偏っていたからである。しかし急激に進んだＩＴ化により、研究をめぐる状況も一変した。現物に触れずとも、画像をインターネット上で見て、そこから情報を得ることができるようになった。

これまで、限られた対象にしか開かれていなかった古典籍を、撮影して画像データベースを構築し、インターネット上で公開する。そして、古典籍を研究資源として活用したあらたな研究を国内外の研究者と共同で行い、新しい知見を発信する。これが、国文学研究資料館が平成二十六年より取り組んでいる、「日本語の歴史的典籍の国際共同研究ネットワーク構築計画」（歴史的典籍ＮＷ事業）である。そしてこの歴史的典籍ＮＷ事業の多くのプロジェクトから、日々、さまざまな研究成果が生まれている。

このブックレットは、そうした研究成果を発信する。「書物をひらく」というシリーズ名には、本を開いて過去の知をあらたに求める、という意味と、書物によるあらたな研究が拓かれてゆくという二つの意味をこめている。開かれた書物が、新しい問題を提起し、新しい思索をひらいてゆくことを願う。

ブックレット

〈書物をひらく〉

1 死を想え『九相詩』と『一休骸骨』　今西祐一郎
2 漢字・カタカナ・ひらがな　表記の思想　入口敦志
3 漱石の読みかた『明暗』と漢籍　野網摩利子
4 和歌のアルバム　藤原俊成 詠む・編む・変える　小山順子
5 異界へいざなう女　絵巻・奈良絵本をひもとく　恋田知子
6 江戸の博物学　島津重豪と南西諸島の本草学　高津 孝
7 和算への誘い　数学を楽しんだ江戸時代　上野健爾
8 園芸の達人　本草学者・岩崎灌園　平野 恵
9 南方熊楠と説話学　杉山和也
10 聖なる珠の物語　空海・聖地・如意宝珠　藤巻和宏
11 天皇陵と近代　地域の中の大友皇子伝説　宮間純一
12 熊野と神楽　聖地の根源的力を求めて　鈴木正崇
13 神代文字の思想　ホツマ文献を読み解く　吉田 唯

14 海を渡った日本書籍　ヨーロッパへ、そして幕末・明治のロンドンで　ピーター・コーニツキー
15 伊勢物語　流転と変転　鉄心斎文庫本が語るもの　山本登朗
16 百人一首に絵はあったか　定家が目指した秀歌撰　寺島恒世
17 歌枕の聖地　和歌の浦と玉津島　山本啓介
18 オーロラの日本史　古典籍・古文書にみる記録　岩橋清美　片岡龍峰
19 御簾の下からこぼれ出る装束　王朝物語絵と女性の空間　赤澤真理
20 源氏物語といけばな　源氏流いけばなの軌跡　岩坪 健
21 江戸水没　寛政改革の水害対策　渡辺浩一
22 時空を翔ける中将姫　説話の近世的変容　日沖敦子
23 『無門関』の出世双六　帰化した禅の聖典　ディディエ・ダヴァン
24 アワビと古代国家　『延喜式』にみる食材の生産と管理　清武雄二
25 春日懐紙の書誌学　田中大士